陕西师范大学本科教材建设基金资助出版
教育部“童语同音”计划陕西师范大学指定用书

青少儿语言表达教学法

主编 ◎ 朱晓彧

副主编 ◎ 崔国鑫　何大庆　余海龙

中国传媒大学出版社
·北京·

有心有志事竟成（代序）

朱晓或教授与其他几位合作者的新书《青少儿语言表达教学法》即将付梓，她邀请我为其作序，深感不胜荣幸之至！感谢晓或教授的信任，同时对她表示衷心祝贺！

迄今为止，关于播音与主持艺术专业及语言表达的教育和教学法的研究成果还不多见，而出版面向全社会的青少儿语言表达教学法专著，这还是第一次。因此，这部著作的重要意义是不言而喻的。

进入21世纪以来，随着国家经济和广播电视传媒事业的快速发展，播音主持专业教育也进入了发展的快车道。到21世纪10年代中期，全国开办播音主持专业和专业方向的院校已达数百家之多。社会的发展和院校专业教育的升温，也促进了社会对语言表达学习的需求，社会上各类以青少儿为主要对象的语言表达（艺考、朗诵、演讲、口才）培训也如雨后春笋般快速发展起来。进行专业的学习和培训必须要有教材。开始，大家大都选用以中国传媒大学教师为主创团队的语言表达专业教材，后来随着发展和需要，社会上各种语言表达培训、辅导的教材也日渐增多。在担任文旅部艺术人才交流中心顾问、评委的几年中，我参加了十余部口才考级培训教材的评审，总的感觉是缺少力作，质量水平一般。这些教材大都根据学习对象的年龄层次划分出10个左右的等级，每个等级编选了一些不同体裁、内容的篇目，有的辅以简单的训练提示，有的没有提示。尽管诸如内容、体例、逻辑、方法等方面有待完善的地方不少，但基于促进发展的考量，评委们都给予了最大限度的宽容，在指出存在的主要问题和给予修改完善的建议之后，大都予以通过。作为培训教材，它们大都有一个共同的缺陷，就是教学法的内容缺失。

教学法和教学法的研究是一个学科的重要内容。有声语言表达和传播艺术专业更是如此。它的教学绝不像一些传统学科靠一个教师在讲台上讲课和学生看书就能完成的。作为艺术类专业，像播音主持、语言表达，光讲理论，没有个别指导和实操是万万不行的。要个别指导和实操，就必须要有训练原则和方法。要理论学习和能力培养并重，这就需要重视教学法和教学法的研究。

其实，关于有声语言表达教学法的研究可以追溯到战争年代人民广播暨播音的初创时期，如播音学科的主要奠基人齐越先生的《十天播音工作个人总结》。新中国成立后，1954 年，中国广播代表团去苏联取经，带回了苏联播音员的经验和培养播音员的方法，中央人民广播电台的齐越、夏青等播音前辈们也写出了一系列研究播音的文章。以中央人民广播电台为主的播音风格对当时和后来以至今天的社会语用和语言表达专业教育都产生了巨大而深远的影响。我国播音专业正式创建于 1963 年，当时教育部正式批准北京广播学院（现中国传媒大学）创建中文播音专业，隶属新闻学科。1998 年第二次学科调整，又正式更名为播音与主持艺术专业，划归艺术类学科。

张颂教授是中国播音学理论的集大成者，为中国播音学科的创建和发展做出了不可磨灭的重要贡献。他曾与我谈过，他研究有声语言艺术主要想写出三部著作，一本是《播音创作基础理论》，一本是《朗读美学》，还有一本是《播音教学法》。前两部专著先生生前已经完成，最后一本书还没有写，先生就已作古，这也成为播音主持艺术专业的遗憾！2005 年，中国传媒大学播音学院付程教授主编，组织 10 余位专业骨干教师撰稿的《播音主持教学法十二讲》出版，全书系统论述了播音主持专业教育的历史与现状，教育教学规律、理念，人才培养方案与教学计划，教学原则与教学方法，师资队伍建设与学生思想政治工作，以及近 10 门专业核心课程的教学方法。张颂教授欣然用他的教学法论文《播音教学法研究管窥》作为该书的序言。《播音主持教学法十二讲》的出版发行，是中国播音主持学科和专业教育教学走向成熟和完善的重要标志。它作为中国播音主持专业教育的第一本教学法专著，是中国播音学的一个重要组成部分和有力的补充，对播音学科和专业的建设与发展起到了不可或缺的重要作用。曾有专家学者这样说，有了这本书，就可以办播音专业了。中国传媒大学播音学院于 2007 年在研究生层次率先开设了“专业教育与教学法”专修课程，为高校和社会培养语言表达专业师资起到了积极作用。

朱晓彧教授主持编写的这部《青少儿语言表达教学法》作为第一部面向社会的有声语言培训教学法专著是值得期待的。首先，主编朱晓彧教授有着深厚的学历和学缘背景。她本科学习的是汉语言文学专业，硕士读的是语言学与应用语言学和教育管理两个专业，博士研究的是文艺学与文化传播专业。这样专业、深厚的学历为她的学术研究奠定扎实的理论基础和学养支持。其次，朱教授有着丰富的语言传播实践经验和语言表达专业教学和培训教学的经验。她曾在广电媒体做了多年播音员、主持人和编导，又长期担任大学专业教师、播音系主任，主持过国家、教育部和学校的多项重点研究项目，教学和科研硕果累累，获奖众多。这本教学法专著也是她从事专业教学和研究二十多年的结晶。再次，这部著作写作团队的其他成员，也都是语言表达教学的专业教师或一线专家，实践经验和理论素养丰富，这也在很大程度上为本书提供了质量保证。

这本教学法专著既是给社会语言表达培训用的，又对院校专业教学具有重要的指导作用；既是给学生用的，又是给教师用的。这部教材，对教师基本专业能力素质的提升作用也是不言而喻的。具体体现在六个方面：

第一，专业理论的阐释能力。播音主持语言表达专业教师对专业理论的讲解、阐释要能做到准确、严谨、精当和融会贯通，这部教材在这些方面表现突出。

第二，对学生问题的辨析能力。播音主持、语言表达专业教学的一个重要特征就是“改毛病”。教师的第二个重要能力就是善于发现学生的问题。要能够准确判断、定性，做到精准辨析造成问题的原因。

第三，解决学生问题的能力，即提供方法的能力。这对专业教师更是一个考验。要提出恰当的方法，制定出循序渐进、合理有效的解决方案。学生的问题有共性的，也有个性的。历史上形成的习惯问题，如何才能够尽快地解决？这需要教师通过恰当的方法和缜密的方案加以解决。当然，学生能否持之以恒地刻苦练习，也是很重要的因素。因此，如何调动学生的主观能动性，树立自信心，也是对教师能力的检验。

第四，优秀的专业示范能力。一方面，专业教师要能够用准确的发音、科学的发声、深入的理解感受和到位的表达，当场为学生做出表达示范，“现身说法”；另一方面，教师录制优秀的声音作品给学生观摩，用自己优秀的作品和示范，来证明教师所授理论的正确性，从而增强教师在学生中的信服力。要求学生做到、达到的，教师必须做到、达到。

第五，语言模仿能力。这也是优秀的语言表达教师必备的专业教学能力。学生优秀的语言表达，学生存在问题的语言表现，教师都能用自己的模仿将其生动地再现出来，让学生更加直观地看到、听到、感受到，以增强教学的针对性，优化教学效果。

第六，组织小课教学的能力。专业小课是训练课，课程目标是消化大课的知识点、掌握能力点，有针对性地解决学生相应实践能力问题。教师要利用多种方法、手段，活跃课堂，调动学生参与，与学生积极互动。如评析环节，教师可视情况采取教师讲评、学生自评、同学互评等多种方式。再如示范环节，可采取教师示范、学生实践、观摩录音录像等。

以上专业教师的六个方面的基本能力，在这部教材中都有不同程度的呈现。

2000 年，朱晓彧教授所在的陕西师范大学成立了播音系，已毕业留校任教并在广电媒体兼职 7 年的她被任命为系主任。她马上带着刚刚毕业留校的三位年轻教师来到当时的北京广播学院（现中国传媒大学）进修。她没有为了方便将四位老师同分在一个教学小组，而是要求分别安排在四个不同老师的小组，每次专业小课下课后，她都要组织四个老师在一起“对课”，看同一个内容，每个老师各自都是怎么讲的。这样就使他们每一个老师学到了四个老师的教学方法。这件事给当时播音系的老师们留下了很深的印象。朱晓彧教授就是这样一个“有心人”。她同时还是一个“有志者”。俗话说，“功夫不负有心人”“有志者，事竟成”。凭着有心和有志，朱晓彧教授带领她的团队把陕师大播音与主持专业建成了“国家双一流专业”；也是凭着有心和有志，她又带领她的团队关注青少儿语言教学，写出了这本高质量的专业教学法著作，也再一次体现出她对有声语言艺术和教育事业的执着追求和担当！

再次衷心地祝贺她！

教育部艺术类专业教学指导委员会第一、第二届委员

中国传媒大学教授

付程

2022 年 10 月 28 日

引　言

2005年，付程教授主编的《播音主持教学法十二讲》由中国传媒大学出版社出版，这是我国第一部系统讲授播音主持教学法的著作，内容涉及播音主持艺术专业教学的原则、播音与主持艺术基础课和专业课的教学方法，其中包括普通话语音播音发声、语言表达、广播播音主持、电视播音主持、文艺作品演播和电视体育解说等专题，一共12讲，由中国传媒大学长期从事课程教学的专业教师撰写。这本教学法图书产生于播音主持艺术专业蓬勃兴起的背景下，当时开设播音主持艺术专业的学校已达到上百家，迫切地需要一本专业教学的指导用书。此书之后，十几年过去，国内也曾出现过播音主持教学方法相关的书籍及文献，但以少儿语言教学为研究对象进行的教学法研究一直处于空白。与理论的滞后相反，近年来，高校中播音主持艺术专业蓬勃发展，全国已有200多所高校开设了播音与主持艺术专业。2021年，经教育部批准，已经有9所学校的播音与主持艺术专业成为国家级一流本科建设专业。在播音主持艺术专业教学的课程体系之内，为适应社会对语言艺术的迫切需求，各类新课程不断开设，其中少儿播音主持教学在很多学校已经成为方向课或选修课，有些职业类技术学校已经把少儿语言教学作为一个培养方向。同时，在学校体系之外，大量的少儿语言培训机构不断出现，小主持人班、少儿口才班、少儿语言表演班等少儿语言培训机构如雨后春笋，其教学内容五花八门，教学的基本方法各异，缺少完善的教学体系及系统的理论指导，培养的目标也十分多元。从业教师及大量在校学习者迫切需要一本能够指导少儿语言教学的专业方法论图书。可以说，《青少儿语言表达教学法》是应时代需求而出版的。

笔者所在的陕西师范大学是教育部直属的高等师范院校，被称为西部教师的摇篮，教学法研究有着非常悠久的历史，并且获得了令人瞩目的成绩。笔者作为陕西师范大学汉语言文学专业的毕业生，在校期间就曾经学习过中学语文教学法，深深地体会到教学法对于教学的意义。同时，笔者已经从事播音与主持教学工作整整22年，并作为建系系主任带领教师团队用20多年时间把陕西师范大学播音主持专业打造为国家级一流本科建设专业。2021年6月，高等教育评价专业机构软科正式发布2021“软科中国大学专业排名”，在播音与主持艺术专业排名中，共有142所高校上榜。陕西师范大学以A+层次位列全国第三，我们培养的学生也有一大批正在从事少儿语言教学工作。

2018年，笔者承担了中国基础教育质量监测协同创新中心重大成果培育类项目“基础教育段口语监测指标、工具与评分标准”研制，在北京、广州、成都、济南、西安等地做过大量调研及采样，对目前国内少儿艺术口语教学领域非常熟悉，为本书的编写打下良好基础。各种机缘鼓励我完成一本面向青少儿语言教学的教学法图书，这也是编写这本书的原因之一。

张颂老师曾经说过，教学法研究应该审时度势，与时俱进，有继承，有借鉴，有开拓，有创新，不因传统的优势而墨守成规，也不因时代的发展而摇摆不定。

这是一本针对青少儿有声语言教学而完成的教学法图书。在书的命名过程中，也存在着一些争议，团队中有的老师认为可以叫“少儿口才教学法”“口语教学法”，指向目前社会上大量少儿口才培训机构的需求，书名比较直接明了。在探讨了关于少儿口才、口语的含义之后大家认为，口才、口语偏向于说话，不能涵盖本书囊括的舞台表演中的朗诵等内容。我们也曾经考虑将书名定为“青少儿艺术口语教学法”，但艺术口语没有一个准确定义，又难以囊括本书中的口语交际部分内容。考虑到本书除了适用于各类培训机构，也将作为高校开设相关课程的教材，我们最终将书名定为《青少儿语言表达教学法》。

“语言表达”从广义上理解，指在口头语言（说话、演讲、作报告）及书面语言（回答问题、写文章）中运用字、词、句、段来表意的过程，二者均以语言为基础媒介。

在中国传媒大学最早确定的播音主持艺术专业教学体系中，主干课程有四门：普通话语音与发声、语言表达、广播播音主持和电视播音主持，其中语言表达这门课的主要任务是培养学生树立正确的创作观念，掌握播音创作的规律及其方法。具体来说，它包括正确的创作道路、播音语言的特点、创作的准备、播音感受、思想感情运动的方法、思想感情表达的方法等，其中主要的三个环节“理解”“感受”“表达”，反映了有声语言创作的一般规律，既可以是对话筒前、舞台上语言的基本要求，又可以是日常口语交际中对于语言的要求。因此，本书依循播音与主持艺术专业的教学传统，将本书关注的口头语言表达称之为“语言表达”。

语言表达能力具体指用词准确，语意明白，语句简洁，文理贯通，语言平易，合乎规范，能把表达内容表述得清晰、准确、连贯、得体，没有语病，同时还应语流顺畅，情感表达准确，语调富于美感。此外，语言表达能力还与吐字、发声能力有关，这是语言表达的物质基础。语言表达能力是一个人自身素质的综合体现，既有先天的因素，又来自后天的学习。因此，本书所指的语言表达既包括有声语言创作、使用的一般形态，又包括与之密切相关的普通话语音、发声等相关内容。

对于语言表达教学法，我们应该有一些基础性认识。首先，教学本身是一门艺术，好的教学能给学生以艺术的享受，能够体现出教学者的个人创造性。这种创造只有符合教学规律的时候，才能产生良好的作用。教学本身是一个多层次的复杂过程，涉及的因素非常多，但它又是有共性特征和规律可循的，每一位教师都应该有意识地探寻其中的规律。其次，我们要认识到教学艺术不是简单地套用某种方法，也不是运用艺术表现形式达到教学效果，而是教师通过熟练的教学技能，自如地将教学内容活化，使学生呈现出主动参与、积极思考的学习状态，进而享受教学过程。再次，对于任何学科的教师来说，专业知识都是前提，是最为重要的，但专业知识并不能替代教学方法，满腹经纶的人未必能成为一个好老师。知识与方法相互补充，要使专业知识发挥作用，就要确定传授知识的目的和内容，就要研究教学的程序和方法，这些都有赖于教学法理论的指导。最后，要了解运用教学法的过程，教学法课程的目的在于指导实践，但从理论到实践，需要一个过程。在没有实践经验的教师那里，即使是最丰富的指导性理论，也不可能成功。一个好的教学方法有赖于具体的教学实践。

学会教学不是一件容易的事，即便是有着丰富经验的老师，也可能会在使用教学方法上出现一些问题和困惑。教师在具体教学方法的选择上，要避免单一方法的使用，要学会在繁多的教学方法中找到适合特定对象与内容的教学方法，并且要结合自己的知识结构和阅历，勇于进行新的尝试。

本书是国内第一本从专业教学法角度关注少儿语言教育的教材，填补了国内该领域空白。

本书由陕西师范大学教师口语教学与研究中心、新闻与传播学院播音与主持艺术系联合陕西科技大学、西安外国语大学、西安培华学院、西北大学现代学院、西安交通大学城市学院等高校播音与主持专业教师、教育学专业教师和少儿语言机构教师共同完成，所有参与者均有多年语言教学经验，拥有讲授相关课程或从事青少儿语言教学的经历。

2021 年 8 月，教育部办公厅下发《关于实施学前儿童普通话教育“童语同音”计划的通知》。该通知提出，2021 年秋季学期起，未使用国家通用语言文字开展保教活动的民族地区、农村地区幼儿园全部使用国家通用语言文字开展保教活动，为幼儿营造良好的普通话教育环境。“十四五”期间，分期分批开展民族地区、农村地区幼儿园教师国家通用语言文字应用能力培训，基本解决幼儿园教师国家通用语言文字教育教学能力不足的问题。使民族地区、农村地区学前儿童逐步具备基本的普通话交流能力，为进入义务教育阶段学习奠定良好语言基础。

作为教育部直属师范大学，陕西师范大学也承担了“童语同音”计划相关工作。本书也是该项目指定用书，用以指导参与培训的民族地区幼儿园教师。

该书可作为大学本科、高职院校此类课程的专业教材（本书正式出版前，已经在陕西师范大学、西安培华学院相关课程中作为讲义使用），也可成为培训机构少儿语言教师的教学指导用书。同时，根据国家相关政策，许多小学、幼儿园已经将语言表达教学纳入校本课程及课后社团教学活动，本书也可为中小学语言社团教学活动提供参考。

感谢恩师付程教授为本书作序，感谢胡卫平教授、龙宝新教授给予的专业指导，感谢所有选修“播音主持教学法”课程的研究生在课程研讨中的贡献。

朱晓彧

2022 年 3 月于长安

目 录

第一章　青少儿语言表达教学法基础

☞ **本章学习目标**

1. 理解青少儿语言表达的相关基本概念。
2. 掌握青少儿语言表达教学法的性质和对象。
3. 掌握青少儿语言表达教学法的任务和目标。
4. 了解语言表达教学法的相关研究。
5. 了解我国青少儿语言表达教学发展历程。

目前国内学界对于以汉语为母语的少儿口语教学法缺乏系统研究，文献多见于对外汉语教学当中的少儿汉语教学法，相关研究涉及的教学法以游戏教学法和儿歌童谣教学法占主导。本书要对青少儿语言表达教学法进行一次梳理。作为基础性内容，本章主要介绍与语言表达学习相关的一些基本概念，青少儿语言表达教学法的性质和对象、任务、结构，简要梳理语言表达教学法相关研究及我国青少儿语言表达教学发展历程与展望，重点在于探讨青少儿语言表达教学的内部规律，为教学提供科学的理论依据及介绍各种教学方法、方式和手段，以更好地指导青少儿语言表达教学实践。

第一节　青少儿语言表达的相关基本概念

语言表达教学是一个复杂的过程，涉及语言学、教育学、心理学、社会学等，对相关基本概念的理解是我们展开学习和研究的基础。

一、语言与言语

美国人类学家、语言学家萨丕尔（Sapir）认为，语言既是一种系统，又是一种交际工具，是人类用符号系统来传达思想、情感和欲望的方法。概括起来，语言具有以下特征：语言具有系统性和生成性；语言是一套任意的符号；这些符号主要是声音符号，但也有可能是视觉符号；这些符号具有约定俗成的意义；语言是用来交际的；语言在特定的语言社团或文化中使用；语言为人类所独有，虽然有可能不仅仅限于人类；人类习得语言的过程大致相同，语言和语言学习都具有普遍性。

基于以上特征，语言是一套由任意的符号组成的规则系统，用于特定的社会和文化语境，以实现特定的交际目的。①

瑞士语言学家费尔迪南·德·索绪尔（Ferdinand de Saussure）是现代语言学第一人，他是20世纪影响深远的语言学家之一。他在《普通语言学教程》中提出了语言和言语的概念。

索绪尔在书中指出了语言和言语活动的异质性，他把复杂的语言现象分为语言、言语和言语活动。他的一个著名公式是：言语活动 = 语言 + 言语。语言就是言语活动减去言语，它是使一个人能够了解和被了解的全部语言习惯。语言是一种准则，是言语行为的社会部分，是个人被动地从社会接受而储存于头脑中的系统。它存在于个人意志之外，是每个社会成员共同具有的，是一种社会现象。言语是言语活动中的个人部分，是个人对语言系统的运用，言语只是个人为了交际而使用语言的结果，因此这是两个不同的概念。

语言是总体，言语从属于语言，语言的存在不取决于具体言语。索绪尔指出，语言是一种语法系统，它本身不表现出来，而是潜伏在每个人的大脑之中。言语是语言的运用与具体体现，其中包括发音。语言与言语二者之间既有严格的区分，又有紧密的联系。没有语言，言语活动就成为无水之源、无本之木，就失去了统一系统。从历史上讲，总是要先听到言语，才学会语言。离开言语，语言也就无所依托。同时，言语也不能脱离语言，语言既是言语的工具，又是言语的产物。语言是长久的，言语是短暂的；语言是社会的，言语是个人的。异质性的言语形成同质性的语言符号系统。

语言是一种集体模型或社会形式，它是不以个人意志为转移的、具有普适规则属性的；言语则是个人话语的总和，是个人的、偶然的。

---

① 张庆宗，吴喜艳．应用语言学导论［M］．武汉：湖北教育出版社，2013：1–3.

语言在言语活动中是起主导作用的，语言的实质就是规约（convention），是位于群体之中的，是一种社会代码，用于组织言语并构成使用言语机能所必需的工具，语言统摄言语。

青少儿语言表达教学法关注的是在国家通用语言系统中如何通过科学的教学方法来实现个人言语能力的提升。

二、语言能力

诺姆·乔姆斯基（Noam Chomsky）1965 年首次提出了“语言能力”这一概念，这构成其转换生成理论的重要部分。他认为，语言能力（language competence）是指一个人所拥有的关于其语言的知识和技能，这是一种语言能力天赋说。他认为必须区分语言能力和语言表现：语言能力是一种理想化的语言概念，是说话人内在化的、潜意识中已经具备的关于规则系统的知识，说话人据此能说出和理解无限多的句子、识别语法错误和歧义。语言能力是独立于情景的。语言运用指的是说话者具体运用的语言。在理想化的场合，语言运用具体且精确地反映语言能力。语言能力是潜含的，只有在语言运用和行为中才能被触摸到。以海姆斯（Hymes）和巴克曼（Bachman）为代表的应用语言学家对以乔姆斯基为代表的结构主义语言学进行了批驳和修正，在综合各家学说的基础上提出了交际能力（communicative competence）。海姆斯认为，在界定语言能力时不能只抽象地描述理想的语言能力，而必须将其放在语言文化的大背景下来定义，因为社会环境会影响到语言运用，更重要的是会影响到语言交际者内在的语言能力。基于这种观点，他指出，人的潜在能力包括语言知识和使用语言的能力，他认为语言能力不仅指语言规则和语言知识，还应当包含恰当、得体地使用这些语言的能力。20 世纪 90 年代，巴克曼综合各家的学说，将交际能力改为语言能力，他提出语言能力应包括：其一，语法规则知识和如何使用语言达到特定交际目的的知识。其二，语言使用是一个动态过程，语言能力的各成分之间互相作用。

综上，语言能力主要指在特定社会文化环境中的个人在进行交际沟通时表现出的语言知识和语言技能。

三、母语与母语习得

母语是一个人出生以后最早接触学习并掌握的语言。儿童在与他人的交流中，自然而然习得了母语。母语习得的过程是人类生长成熟、社会化的过程。母语习得的过程一般经过四个阶段：咿呀学语阶段、单词话语阶段、连词成句阶段和语法成型阶段。

儿童时期是语言学习的关键期。儿童对语言学习的快速掌握能力引发了众多语言学家、教育学家及心理学家的关注。

母语习得主要有以下几种理论。

（一）行为主义论

美国心理学家斯金纳（Skinner）在 1957 年出版的《言语行为》（*Verbal Behavior*）中提出，学习反应受行为结果控制，学习之后的强化刺激会提高学习强度，反之，若没有强化刺激，学习强度就会降低。

斯金纳认为，语言学习可以通过强化训练逐渐形成，是一种对外界刺激的习惯性反应体系，是一个操作条件反射的过程。儿童先对周围的语言输入进行模仿，然后进行自我强化训练，最终形成语言输出。这一过程要经历模仿、增强、重复和最终的语言形成四个阶段。在儿童对语言的模仿过程中，人们也会对儿童的模仿行为给予相应的刺激，包括各种鼓励措施，借以推动语言的这种重复过程。儿童经过不断模仿、重复和强化，逐渐形成语言习惯，随之形成了语言能力。换言之，语言就是最终习惯的总和。

斯金纳的行为主义论强调了外在因素对儿童语言习得的影响，解释了环境在语言习得过程中所起的重要作用，却忽略了儿童的内在语言能力。

（二）天赋论

20 世纪 60 年代开始，美国语言学家乔姆斯基提出了天赋论。他对行为主义理论产生怀疑，指出儿童的语言习得仅靠语言刺激是不够的。他把经验无法解释的东西归因于语言知识的天赋性，即人的生物禀赋。该理论学派的学者们认为，儿童之所以能够快速地学习语言是因为天赋起了决定性作用。

研究表明，儿童天生具备学习和掌握语言的能力。这种能力帮助儿童根据听到的话语对自己的语言体系进行不断检验和改正，抛弃错误的语言体系，逐渐建立正确的、被他人接受的、能与其他人进行正常交流的正确语言系统。

（三）认知论

认知论强调儿童语言发展与认知能力之间的关系，是瑞士儿童心理学家让·皮亚杰（J.Piaget）提出的。该理论认为，认知能力的发展决定了语言能力的发展，因此，语言习得并不是本能的过程，语言能力的发展是心理认知与客观经验相互作用的结果。

儿童的语言能力不能脱离儿童的认知能力而独立存在，语言习得是认知结构构建与发展的产物。认知论者把儿童掌握母语看作先天机制和后天环境相互作用的结果，主张语言是受规则支配的创造性活动，语言学习是掌握规则、构建意义的过程。皮亚杰的认知论更强调生活经验在语言习得过程中所起到的重要作用。儿童将对社会的认知存储到大脑中进行思维分析，最终形成语言输出。语言发展与儿童的智力发展有着直接关系，也就是说，儿童的语言习得能力是在对社会的认知基础上发生的，随着认知能力的提升而发展，语言能力是后天习得的。

（四）功能论

语言功能论以英国语言学家韩礼德（M.A.K.Halliday）为代表，该理论主张儿童学习语言是为了通过交流来实现自己的目的，而语言的交流功能有七种，分别是：（1）工具功能——使用语言满足自己的要求和愿望；（2）调节功能——发出请求或指令以控制别人的行为；（3）交往功能——实现同他人的交往；（4）表达个人功能——表达自己的思想和情感；（5）启发功能——探索周围环境，了解世界上各个事物的形成原因；（6）想象功能——儿童通过创造力创造自己的世界；（7）表达功能——使用语言传达讯息，实现交际目的。

以上这七种语言功能，帮助儿童在满足自我需要、传达思想的同时不断运用语言，进而达到语言习得的目的。随着儿童的不断成长，儿童对后几种比较复杂功能的运用也会变得愈加成熟。当儿童的语言体系发展得与成人接近时，他们的语言体系就会出现语法体系的介入，这时不仅有功能输出，也会有结构输出。也就是说，儿童将不同功能结合在一起，表达不止一个意思。这时也就实现了儿童语言向成人语言的转变。

韩礼德的功能论将语言看作社会行为，认为语言是儿童在与社会环境相互作用的过程中发生的结果，因此，功能论更加强调了环境在语言学习中的重要性。

（五）社会互动论

社会互动论是研究人与社会环境相互作用的规律、模式的社会学理论。该理论认为人们在社会生活中相互交往，彼此沟通，形成各种社会互动。它是社会生活必不可少的基本要素，亦是分析一切社会现象的基础，强调个人的主观理解，认为社会结构是理解和行动的结果，社会过程就是个人把主观意义赋予客体并作出反应的过程。该理论包括象征互动论、社会交换论、精神分析互动论、日常生活互动论等分支理论。其中，象征互动论着重于研究个人的语言、身姿、情感等对人与人之间的相互影响所起的作用，认为这些个人的行为作为符号均可以达到特定的效果。

社会互动论认为，语言是交际行为的一个方面，人与人之间的交际互动是语言习得的关键因素，儿童习得母语的过程是认识世界并与世界进行交往的过程、是学习如何通过语言表达各种意义的过程、是不断社会化的过程。在这个过程中，成人对儿童所说的话，必须符合儿童的认知需要和交际需要，针对儿童的话语具有一些共同特征，如速度缓慢、语调夸张、多重复句法和词汇简单具体等，有助于儿童对语音的辨别和对词汇和语法的习得。

四、口语交际与交际能力

从 2001 年起，我国新课标中的小学、初中、高中语文教学大纲都将口语学习的内容统一改为“口语交际”。它标志着语文教育界对口语交际活动认识的改变，也说明了口语交际在语文教学中的重要性。《义务教育语文课程标准（2011 年版）》中规定：“口语交际能力是现代公民的必备能力。应培养学生倾听、表达和应对的能力，使学生具有文明和谐地进行人际交流的素养。”

“交际”一词在我国最早见于《孟子・万章》之中，“万章问曰：‘敢问交际何心也？’孟子曰：‘恭也’”。到了宋代，朱熹将“交际”的“际”解释为“际，接也”。《现代汉语词典》对交际的解释是人与人之间往来接触或社交。人际交往作为一种社会现象，不可避免地受到社会环境、文化传统和习俗的制约，形成人际交往中的“情境”因素。

“交际”一词的英文是“communication”，这个词源于拉丁文“communis”，意为共有、共享。口语交际和书面交际虽然有着密切的联系，但是又相对独立，我们会看到书面表达很好的人，未必能够做到口语交际流畅自然。口语交际的过程，实际上是人与人交流时说话者传递信息、听者接收信息的过程，它是一种特殊的信息交流活动，大体可以分为五个部分：编码、发送、传递、接收和解码。口语交际对说话双方的表达都有一定的要求，比如吐字清晰、咬字准确、能够把握环境的因素、体态恰当、心理素质良好、语言得体等。

交际能力是指人们有效使用一种语言的知识以及使用这种知识进行交际的能

力。该概念较为宽泛，既适用于母语学习者，又适用于外语学习者。研究者们普遍认为，交际能力的概念最早由美国社会语言学家戴尔·海姆斯（Dell Hymes）在1972年发表的《论交际能力》（*On Communicative Competence*）一文中提出。他认为，一个人的潜在能力（capacity）应该包括语言知识（knowledge）和应用语言的能力（ability for use of language），并认为交际能力表现为以下四个特点：一是语法性，语言表达是否（以及在多大程度上）形成可能（possibility），也就是具备相关词汇和语法方面知识的可能性；二是可行性，语言表达是否（以及在多大程度上）可行（feasibility），也就是语言形式的知识，如知道如何开始一场交谈，如何结束一次交谈，交谈中的说话方式；三是得体性，语言表达是否（以及在多大程度上）得体（appropriateness）；四是实现性，语言表达是否（以及在多大程度上）实际出现（performance），即能否使用和应对不同类型的语言行为。

在海姆斯看来，一个人的整体交际能力不仅应该包括语法知识和语言能力，还应该包括心理（可行）、社会文化（得体）和使用概率（实际出现）等方面在内的判断能力。语言学习者不仅要会利用语法规则构建正确的句子，还要懂得在真实的交际情境下使用得体的句子。也就是说，学习者还应考虑根据讲话的场景和对象，决定应该讲什么内容，不应该讲什么内容，以及什么样的表达方式才是合适的。

在海姆斯的交际能力理论基础上，卡纳尔（Canale. M）和斯温（Swain. M）于1980年构建了一个全新的交际能力理论模式。他们认为交际能力主要包括四个方面：一是语法能力，即具有语音、词汇、语法、句法、语义、形态学知识的能力；二是社会语言方面的知识和技能，即具有语言使用的社会文化规则的能力，在不同的语境中在语义和形式两方面恰当表达和正确理解话语。语境因素，包括话题、交际双方的社会地位和交际目的；三是语篇能力，指通过语言形式上的衔接和意义上的连贯来产生统一的不同体裁的口语和书面语；四是策略能力，即具有解决交际中遇到的问题的能力。[①] 随后，卡纳尔又将心理和环境变量纳入交际能力模式的影响因素。

之后，多位学者持续对交际能力进行研究。莫莱利（Morreale）等人在2013年提出了具有创新性和实用性的交际能力模式。他们对已有的交际能力理论模式进行归纳和总结，提出了三个新的要素：一是认知知识（knowledge），比如行业知识以及交际方面的知识；二是交际技巧（skills），比如高效交流的方法与技巧；三是交流的动机（motivation），比如表达出愿意交际的欲望。

---

① 龙彩虹. 口语交际理论与训练教程［M］. 南京：东南大学出版社，2014：22.

五、核心素养

培养哪种品质和哪些能力才能使一个人在步入社会时更好地胜任自己的岗位，更好地融入社会环境？1997 年，经济合作与发展组织（OECD）发布了世界上第一个核心素养框架结构模型。

OECD 确立的核心素养分为三类：交互使用工具、在异质群体中有效互动以及自主行动的能力，其中包括交互使用语言、符号与文本；交互使用知识与信息；交互使用技术；与他人建立良好的关系；团队合作；管理与解决冲突；在复杂的大环境中行动；形成和执行个人计划或生活规划等。

欧盟确定核心素养的三个维度为知识、技能和态度，并提出八类核心素养：使用母语交际的能力、使用外语交际的能力、数学素养与科技素养、数字化素养、学会学习的能力、社会与公民素养、主动和创新意识、文化意识与表达能力。

美国的“21 世纪学习框架”包括核心学科、21 世纪主题和 21 世纪技能。其中，核心素养主要包括学习与创新技能、信息媒介与技术技能（信息素养、媒体素养、信息和通信技术素养）、生活和职业技能（灵活性和适应性、主动性和自我导向、社会和跨文化素养等）三方面。

荷兰学者乔克·沃格特（Joke Voogt）等研究了世界闻名的八大核心素养框架，提出以下观点：几大框架都倡导的核心素养包括协作、交往、信息通信技术、社会和文化技能以及公民素养；大部分框架提倡的核心素养框架包括创造力、批判性思维、问题解决能力、对高品质产品进行开发的能力以及生产性四个方面。这八种素养是信息时代人类共同的追求，被称为“世界共同核心素养”。为了使它们更加完善，可将其划分为四大素养，即协作（collaboration）、交往（communication）、创造性（creativity）和批判性思维（critical thinking）。

“核心素养”的提出，意味着课堂从知识传递到知识建构的根本转型。核心素养体现了两个方面的人类素质和能力，这不只是单纯的产业界和企业所要求的有能力的劳动者应有的素质，还是社会生活与个人人生的丰富性表征，具体说来就是“以工具为媒介，同客观世界对话”“同异质的他者交际”“能在广袤世界中自律生存”的能力，即“同世界的丰富的交际力”。

核心素养揭示了人类同世界相连接的丰富性，是人在全球化社会里、在同世界的丰富的连接之中过幸福生活所必需的素养。

六、教学模式

教学模式是指在一定教学思想和教育理论的指引下，形成较为稳定的、系统的教学活动结构框架和活动程序，塑造出特定的教育教学目标，其特点是有一定的指向性、完整性、操作性、稳定性、灵活性。美国学者乔伊斯和韦尔最早提出关于教学模式的科学解释，认为“教学模式是构成课程、选择教材、指导在教室和其他环境中教学活动的一种计划或范型”。国内对教学模式的研究主要集中在“方法说”“结构说”“程序说”。教学模式就是在一定的教学思想指导下，围绕着教学活动中的某一主题，形成相对稳定的、系统化和理论化的教学范型。

第二节　青少儿语言表达教学法的性质和对象

青少儿语言表达教学法的研究目的是探讨青少儿语言表达教学的内部规律，为教学提供科学的理论依据及介绍各种教学的方式、方法和手段，以更好地指导青少儿语言表达教学实践，即研究教师如何有效地教会学生进行口语沟通、舞台演出（朗诵、演讲、辩论）等通过口语来完成的表达，其中涉及教与学的原则和方法，其内容主体包括课程教材、教学设计、学习指导、现代教学技术、教师专业发展等。

一、教学法的性质

教学法（teaching methods）是教育科学体系中的一个独立学科，从字面而言，教学法就是教学的方法。美国著名教育家克伯屈在他的代表作《教学方法原理》一书当中对教学的方法有过重要论述。他认为教学法有广义和狭义之分，广义的教学方法是指以社会生活为中心，以扩充学生的生活经验为手段，以培养社会所需要的各种良好的习惯与态度、适应生活环境的能力和独立思考能力的公民为目的的教学方法；狭义的教学方法是指以书本为中心，以强制学习和记忆背诵为手段，以获取书本知识为目的的教学方法。显而易见，语言表达的学习，学习者的诉求是以能力为指向的。它必然涉及态度、品德、习惯和素养，突出学习内容的多样性，既要顾及知识性学习，又要顾及书本知识之外更广阔领域内容的学习。

克伯屈强调教育与生活的关系，主张把儿童的生活引入学校，使儿童在真实生活的整个情境中学习，突出学习内容的多样性，他认为人对事物的反应是多方面的，教学方法要考虑和注意儿童在学习过程中对生活环境的刺激所做出的全部反应。

如果说一般学科教学法是以该学科教学为唯一研究对象，它的基本任务是揭示和说明该学科的本质、结构、职能和一般发展过程，那么青少儿语言表达教学法便以青少儿语言表达为唯一研究对象，它建立在实践和理论的双重基础之上，利用其母体语文学科的研究成果来认识青少儿语言表达教学当中的实践问题，依靠当下青少儿语言表达教学中的实际教学方法，试图解决那些在教学过程中发生的一切问题，从而使它成为独具特征的学科。青少儿语言表达还是语言学的分支，虽然学术界未对其性质和界限进行明晰的标注，但根据其内在因素和学术界通常的理解，可以认为它基本属于教育学科的领域。

青少儿语言表达教学与播音主持专业教学有着密不可分的关系。播音教学实际上是一种新闻性与艺术性的结合，播音主持的根本属性是新闻性，它的工作指向是党和人民的喉舌，是国家利益的维护者和民族文化的弘扬者，其核心是艺术性。与大学阶段的播音与主持艺术专业教学不同的是，青少儿语言表达教学更偏重于实用性和艺术性的结合，实用性体现在语言表达能力的获得将对青少儿一生的发展起到极为关键的作用，语言表达能力作为学习者个人的基本能力，可以辅助其在社会生活、人际交往等多方面应对自如，而艺术性则更多地体现为对于语言审美的认知和表现能力。

青少儿语言表达教学已经成为发展中的学科，其教与学已是一种客观的存在，但作为一种科学，它还在形成之中，其基本的概念范畴、基本的原则和方法还未形成体系。作为语言大学科当中的一个分支，其教学过程中的特征与规律，我们还没有完全认识，对于它的研究也只是刚刚起步。

二、青少儿语言表达教学法的研究对象

青少儿语言表达教学法是以青少儿语言教学为唯一研究对象的学科，它把语言表达教学当中的教学性质、目标、内容、过程和方法等一切现象作为其研究课题，从对性质和目标的探讨开始，进而探讨体现性质与达到目标的内容、过程和方法，解决教师如何教和学生如何学的问题，特别是要对效果和效率进行评价研究，讨论如何实现最优效果。这些研究对象可以归为以下几类问题。

一是它的性质是什么？应该确定哪些目标？

二是什么样的内容和内容组织才符合目标的要求？这是青少儿语言表达存在的客观性和实在性问题。

三是通过什么程序和运用什么方法才能最好地实现目标？对这个问题的回答就构成了青少儿语言表达教学的方法论——教学法要关注现行语文教学中的目标要求；教学法要研究不同类型的语言类教材；教学法要研究教学中的教师和学生；教学法要研究教学方法和技能；教学法要关注不断变化中的教学环境。

第三节 青少儿语言表达教学法的任务和目标

一、教学法的任务

青少儿语言表达教学法将解决什么样的问题呢？通过查阅大量文献，我们发现人们对其他传统学科教学法的研究已经有相当长的历史，比如语文教学法传授教师应该如何教授语文课、学生应该如何学习语文。教学法是教育科学体系当中一个独立的学科，当它和处于边缘的口语表达相结合之后，就变成一个具有边缘特质的学科，具有交叉性和复杂性。在理论方面，它关注语言学、教育学、心理学、教学论、学习论、信息技术等多学科的合作及相互渗透，在融合相关学科的基础之上，更好地解决自己独特的问题、完成自己的任务。例如，我们为什么要学习语言表达？语言表达都包含哪些内容？教师在教授语言表达课程的时候会遇到什么样的问题，应该采取什么样的方法？在实践方面，语言表达并未纳入目前学校的正式教学体系，虽然此呼声日渐强烈，但依然未形成较为完整的体系。与教学实践相反的是，我们看到社会上各种青少儿口语的教学活动正在蓬勃开展，多种形式的青少儿口语艺术培训机构如雨后春笋，青少儿口语教学的社会需求日渐强烈。

我们关注教学方法，实际上就已将此学科归入教育学科范畴。教育学科有理论教育学科和应用教育学科两个类型，它们的区别是理论教育学科的成果表现在规律的发现方面，而应用教育学科则是要研究出具体可行的办法。凡以提出政策措施、方法等为直接目的的教育学科都属于应用教育学科，青少儿语言表达当属此范畴。

青少儿语言表达教学法的任务是给教师、高等师范院校和播音主持艺术等院校的学生指出一条从事青少儿语言表达教学的科学途径，使他们能在工作岗位上遵循这些原则和方法。为此，教学法既要提供少儿艺术口语教学的理论知识，又要训练从事语言表达教学实践工作者的能力。目前从事艺术口语教学的教师人数众多，大多依循大学教学的内容，在具体教学过程中对大学播音主持教学进行简单改造，缺乏系统科学的方法，更缺乏一本具有指导性教学方法的教材。

二、青少儿语言表达教学法课程的目标

任何学科在面向大众教育产生价值和意义时，其本身就是一种创造性教学实践活动，它包括教学语言、教学技能等方面的艺术因素和组织技巧。

课程目标，其本意是指按照国家的教育方针，根据学生的身心发展状况，通过完成规定的教育目的和学科内容，使学生达到的基本要求。青少儿语言表达的教学对象是基础教育段的幼儿园、小学及中学学生，根据培养对象的确定性，我们可以参照《义务教育语文课程标准》来制定课程目标。青少儿语言表达的教学应该激发和培育学生热爱祖国的思想感情，引导学生丰富语言的积累，培养语感，发展思维，使他们具有适应实际需要的阅读能力、表达能力、口语交际能力，提高学生思想道德修养和审美情趣，使他们逐渐形成良好的个性和健全的人格，促进德智体美劳诸方面的和谐发展。青少儿语言表达教学法的目标，就是使教学者具备培养学生相关能力的基本素质。

语言表达教学法的内容结构表明该课程应该实现如下目标：（1）了解青少儿语言表达教学的课程类型与教材的主要形态；（2）了解如何实现教学计划、如何进行教学设计，掌握教学的基本原则；（3）掌握课堂教学方法，熟悉课堂教学组织类型、组织原则，学会具体的课堂教学方法；（4）掌握教学活动设计的方法；（5）了解在网络环境下如何进行教学；（6）了解如何进行教学评价；（7）了解如何进行职业发展规划、开展科学研究。

第四节　青少儿语言表达教学法相关研究

相较于在师范类专业进行过学习的专业教师而言，语言表达教学的老师大多缺少教学理论的学习，对教学缺乏系统认识，教学多以模仿为主。

目前国内学界对于以汉语为母语的青少儿口语教学法缺乏系统研究，文献多见于对外汉语教学中的少儿汉语教学法，相关研究涉及的教学法以游戏教学法和儿歌童谣

教学法为主，这些教学法一般都立足于儿童生理及心理特点，以游戏表演活动为主，也有部分教学法涉及移动软件、多媒体及远程教学。经常被关注的有游戏教学法、儿歌歌谣教学法、移动软件多媒体教学法、童话文学教学法、5c 教学法、任务型教学法、TPR 教学法、戏剧化教学法、表演教学法、新闻教学法、热身活动教学法等。需要说明的是，这里的“教学法”并不是学科意义上的教学法，而是指一种具体的方法。

这里简单介绍其中几种。

一、游戏教学法

这种方法从兴趣吸引注意力的心理作用出发，借助游戏的方式开展教学活动，在游戏过程中营造愉快氛围，调动快乐情绪，实现对青少儿的良好教育，帮助其提升沟通表达能力、知识认知能力以及知识运用能力，不仅寓教于乐，而且寓乐于教。

这种方法对教师的综合能力要求较高，需要教师对游戏教学法的内涵进行深入探究，营造有效的游戏教学环境。教师在组织游戏教学时要对游戏类型进行细致审查，了解不同年龄段学生的年龄特征及心理特征，增强学生对游戏的期待感和参与感。

二、TPR 教学法

TPR（Total Physical Response）教学法就是全身反应教学法，采用该种方式开展英语教学，学生就像幼儿学习母语的过程一般，以身体运动的方式来获取英语知识，加强记忆。在课堂上，教师给出口令，并用动作把口令的意思表达出来，学生在理解后也跟着做动作，再学着把口令说出来，如此反复。该方法适用于年龄较小的学生，将其运用于小学英语教学中，具有十分明显的优势，可以帮助教师获得理想的教学效果。

采用 TPR 教学法，可以对声音及形态进行模拟。低龄学生具有活泼好动的特质，喜欢进行模仿，更加偏向于动态化学习方式，这种方法可以激发学生的联想和想象，帮助其记住相关的英语词汇。另外，学生还可以通过肢体来进行模仿，增强趣味性，从而转变传统的死记硬背的方式，达到快乐教学的目的。这种方法的倡导者有阿谢尔、派梅尔以及皮亚杰。

三、情景教学法

这是20世纪30年代到60年代一些英国语言教育家倡导的教学法，前期被称为“口语法”，后来发展演化为“情景法”，在语言学习中经常被采用。口语法和情景法流派认为，说是语言的基础，而句子结构是口语表达能力的核心，在语言教学过程中应该把意义（meaning）、语境（context）、情景（situation）放在首要位置。

这是一种强调通过有意义的情景进行目的语基本结构操练的教学法。著名苏联教育家、心理学家赞可夫说：“我们教学时所采取的教学方法只要触碰到学生的情感领域（情绪以及意志方面），这种教学法就是有效的教学法。情景教学法就是学习时将文中所发生事情的场景真实地还原在课堂上。教师的引导使学生对文中所讲的事情或场景有身临其境的感受，启发学生的想象能力、思维能力，再加上教师对情景的巧妙设置，使学生的学习效果达到预期效果。”戴晓欢认为情景法就是教师人为创设情境，使学生身临其境，帮助其更好地理解和学习。也就是说，在情景教学法中，教师通过建立一定的真实的语言交际情景来提高学生的热情与积极性，完成教学任务的要求。

四、交际法

这种语言教学理论是一个多元理论的联合体，至今没有一种定义能对其内涵做出准确界定。交际法已形成了四种理论：一是功能意念论（functional notionalism），重视在一定的语言环境中教授语言的形式和功能；二是认知论（cognitivism），认为语言是规则制约的行为；三是语言习得论（language acquisition theory），认为语言是在自然环境中习得的；四是人文主义论（humanism），强调学习者的主体因素和心理环境。在教学的具体操作上主要有任务型教学法、活动型教学法和练习型教学法。

五、沉默法

沉默法同样强调学生的主体能动作用。这种方法认为老师在课堂上应尽量沉默、少说话，应鼓励学生尽可能多地说话。在老师较少干预的学习环境中，让学习者发挥主动性，通过更多地说去学习语言，同时这种环境要求学习者能够对自己的语言输出进行监控和修正，以实现自我发展。这种观点也体现了建构主义（constructivism）的思想。沉默法虽然与全身反应法属于同一体系，但是它们有很大的不同之处。前者适用于有一定语言基础的学习者，后者则更适用于儿童等初学者。沉默法同样对老师提出了很高的要求，它不仅要求老师能够很好地设计话题，而且能够很好地对学生活动进行掌控和管理。

第五节　我国青少儿语言表达教学发展历程与展望

一、发展历程

口语表达能力自古至今都备受人们的重视。春秋战国时期被誉为千古奇人的鬼谷子，通晓纵横捭阖，运用谋略口才控制强国君主。刘勰在《文心雕龙》中这样描述口才的重要性："一人之辩，重于九鼎之宝；三寸之舌，强于百万之师。"如今社会的信息化发展对人的口语交际能力要求愈加强烈，近几年，教育部相继出台政策推动青少儿口语交际能力的培养。社会实践也让家长们意识到"敢说话、会表达"的重要性，青少儿口语教学在这样的时代背景下蓬勃发展。

语言艺术形式多样，门类丰富，有演讲艺术、朗诵艺术、相声艺术以及戏剧表演艺术（包括小品艺术、话剧艺术、影视表演艺术等）。青少儿口语教学最初的学习主要集中于朗诵艺术培养。少年宫是最早在学校外对儿童进行文化活动教育的教学形态。新中国成立初期至20世纪90年代，少年宫是儿童精英荟萃的地方，品学兼优及具有文学、艺术、科技和体育特长的学生才有机会享受少年宫准专业化的教育和培训，少年宫同时也是少先队骨干的培训基地。20世纪90年代开始，少年宫逐渐从精英教育迈向了社会教育，以收费模式对孩子进行校外培训。随着社会的需求与发展，少年宫成为青少儿最初学习语言技能的教学场所。

为了进一步在全社会普及朗诵艺术，丰富群众文化活动，提高国民的人文和艺术素养，从而增进全社会的母语认同和母语自尊，传承和弘扬中华优秀传统文化，2009年文化部批准增设朗诵水平等级考试作为语言艺术方面的一项新的考试项目。朗诵考级项目的成立进一步促进青少儿口语教学的发展，社会上开始陆续出现少儿口语教学机构。在经济发展水平较快的城市，朗诵以艺术社团形式走进校园。伴随着语言艺术教学的发展，口语教学教育机构逐渐萌芽。

对于学校关于口语交际能力的培养，教育部在制定语文课程标准中也明确了具体的培养目标和课程内容。《义务教育语文课程标准（2022年版）》指出："语言运用是指学生在丰富的语言实践中，通过主动的积累、梳理和整合，初步具有良好语感；了解国家通用语言文字的特点和运用规律，形成个体语言经验；具有正确、规范运用语言文字的意识和能力，能在具体语言情境中有效交流沟通；感受语言文字的丰富内涵，对国家通用语言文字具有深厚感情。"在具体的学校教育实践中，由于不同地区教学资源不均衡，以及实际教学过程中仍侧重书面培训等原因，青少儿在学校课堂中口语素养没有得到很大提升。伴随着国家相关政策的支持、市场的强烈需求，青少儿口语教学教育机构在社会上逐渐发展壮大，在全国各地陆续出现并呈现迅猛发展态势。

如今，随着口语素养教学的不断发展与成熟，青少儿口语素养教学呈现融合发展趋势。政府与社会各界为青少儿口语素养学习提供了丰富多元的展示平台，如由政府部门批准的各种比赛、活动等。青少儿口语教学在新时代需要结合国家发展需求和青少儿语言学习特点，融合语文学科教学及家庭教育培养，积极促进青少儿口语素养教学的创新发展。

二、新形势下青少儿口语教学的意义

（一）服务新时代国家发展需求

党的十八大以来，习近平总书记高度重视语言文字工作，多次发表关于语言文化的重要论述，对语言文字工作作出重要指示，为新时代语言文字事业指明了前进方向、提供了根本遵循。在以习近平同志为核心的党中央坚强领导下，国家语言文字事业聚焦全面建成小康社会和社会主义文化强国建设，全面推进语言文字治理体系和治理能力现代化，大力推广普及国家通用语言文字，加快语言文字规范化、标准化、信息化建设，提高语言服务能力，加强语言文化传承弘扬及交流传播，取得了历史性成就。2016年发布的《国家语言文字事业"十三五"发展规划》提出，到2020年，在全国范围内基本普及国家通用语言文字，全面提升语言文字信息化水平，全面提升语言文字事业服务国家需求的能力。为支撑各项任务顺利完成，《规划》明确，将着重实施国家通用语言文字普及攻坚工程、中华优秀语言文化传承与保护工程等5项重点工程。青少儿口语教学应结合语言培养目标，根据青少儿语言发展特点，教学内容与时代对人才的发展需求相结合，在提升青少儿语言素养的同时，结合中华经典诵读、中华优秀传统文化等，将其作为语言学习素材积极传承语言文化。

2018年9月，习近平总书记在全国教育大会上指出："教育是民族振兴、社会进步的重要基石，是功在当代、利在千秋的德政工程，对提高人民综合素质、促进人的全面发展、增强中华民族创新创造活力、实现中华民族伟大复兴具有决定性意义。"①

2021年7月，为深入学习贯彻习近平总书记关于国家通用语言文字教育"要从娃娃抓起"的指示精神，全面落实全国语言文字会议精神，聚焦民族地区、农村地区，进一步加大国家通用语言文字推广力度，抓住幼儿时期的语言学习关键期，着力加强学前儿童普通话教育，为夯实终身发展基础、帮助个人成长成才、助力乡村振兴、服务铸牢中华民族共同体意识发挥基础性作用，教育部决定在"十四五"时期实施学前儿童普通话教育"童语同音"计划。②

该计划提出，从2021年秋季学期起，未使用国家通用语言文字开展保教活动的民族地区、农村地区幼儿园全部使用国家通用语言文字开展保教活动，为幼儿营造良好的普通话教育环境。"十四五"期间，分期分批开展民族地区、农村地区幼儿园教师国家通用语言文字应用能力培训，基本解决幼儿园教师国家通用语言文字教育教学能力不足的问题。使民族地区、农村地区学前儿童逐步具备基本的普通话交流能力，为进入义务教育阶段学习奠定良好语言基础。③

教育是国之大计、党之大计，时代发展为青少儿语言教育带来了勃勃生机，同时也带来了巨大挑战。随着社会对语言表达能力的愈加重视，提升口语交际能力也成为素质教育的重要部分。目前，青少儿口语学习浪潮呈井喷式发展阶段，在发展中也伴随着很多问题与不足。在新时代背景下，青少儿口语教学要找准方向，结合中国特色社会主义事业的发展需求，不断反思，不断创新，努力为社会主义事业培养创新型人才。

（二）融合助力语文学科教学

2019年，教育部语言文字应用管理司、语言文字信息管理司司长田立新从七个方面介绍了2018年中国语言文字事业发展状况，其中一个重要项目是与中央广播电视总台合作、共同建设的"中小学语文示范诵读库"。这个项目邀请总台的一些著名播音员主持人对1—9年级语文的每一篇课文进行朗读，再配上形象生动的音乐。该

① 坚持中国特色社会主义教育发展道路　培养德智体美劳全面发展的社会主义建设者和接班人［N］. 人民日报，2018-09-11（1）.

②③ 教育部办公厅关于实施学前儿童普通话教育"童语同音"计划的通知［EB/OL］（2021-08-02）［2022-05-15］. http：//www.moe.gov.cn/srcsite/A18/s3129/202108/t20210802_548318.html.

项目对推进中小学语文教育教学工作、提升教师和学生的普通话水平发挥了很大的作用。教育部2020年8月31日发布《关于政协十三届全国委员会第三次会第4354号（教育类400号）提案答复的函》，对《关于语文教学中加强口语表达能力培养的提案》进行答复，教育部高度重视学生口语表达能力的培养，通过课程教材建设、考试选拔制度制定、师资建设等方式，引导和帮助学生提高口语表达水平和交际素养，增强适应社会、服务社会的能力。青少儿口语教学未来的发展趋势是“走进校园”，通过与中小学的合作，结合中小学语文学科内容，融合中小学语言教育教学工作，共同助力青少儿语言素养的培养。

（三）促进青少儿综合素养发展

2020年10月15日，中共中央办公厅、国务院办公厅印发了《关于全面加强和改进新时代学校美育工作的意见》，并发出通知，要求各地区各部门结合实际认真贯彻落实。《意见》指出，要加强美育与德育、智育、体育、劳动教育相融合，充分挖掘和运用各学科蕴含的体现中华美育精神与民族审美特质的心灵美、礼乐美、语言美、行为美、科学美、秩序美、健康美、勤劳美、艺术美等丰富美育资源。有机整合相关学科的美育内容，推进课程教学、社会实践和校园文化建设深度融合，大力开展以美育为主题的跨学科教育教学和课外校外实践活动。青少儿口语教学是时代刚需。青少儿形成良好的语言表达习惯，可以提升其社会交往能力；青少儿通过语言技巧的学习，可以培养逻辑思维能力。良好的表达能力有利于其树立自信心，培养优良品格。当前，面对中华民族伟大复兴的战略全局、世界百年未有之大变局，以及经济社会发展的新需求，青年的素质和本领直接影响着实现中国梦的进程。青少儿口语教学从语音面貌、沟通表达、礼仪形象等板块，结合中华优秀传统文化，融合中小学语文教育教学，促进青少年全面发展、增强本领、学习才能，使之以实际行动推动社会进步。

三、我国青少儿口语教学未来展望

（一）教学内容多元化

青少儿口语教学目前的教学内容偏向于语言艺术培养，教材内容主要包括普通话语音训练、绕口令、朗诵、看图说话、故事训练、即兴口语等板块。时代的发展促进教育的改革与创新，青少儿口语内容未来要根据时代发展进行调整与创新。进入新时代，随着社会发展对人的综合素质要求的提升，青少儿口语教学在塑造语言艺术能力的同时，也要注重口语交际能力的培养。在未来教学中，青少儿口语教学要注重与校园学科教学的合作与交流，促进青少儿语言口语教学的多元化。

中华优秀传统文化是中小学生美育与德育培养的重点内容。中华优秀传统文化的形成与发展拥有悠久的历史，其内容博大精深，并且在不断发展，其中的传统美德是处理人与人、人与社会、人与自然等关系的实践结晶。未来青少儿口语教学也应将中华优秀传统文化纳入其中，起到规范言行、提升人际交往能力、促进学生全方面发展的作用。

（二）教师能力多样化

越来越多的教师、学生家长以及社会有识之士已经认识到，语言表达能力对于孩子的成长具有重要的作用。从小养成说标准普通话的习惯、能够在舞台上运用语言尽情地展示自己、能够在各种不同场合自如得体地表达自己的想法……这些都成为当代学生优秀综合素质的体现。从学校日常教学中的课堂展示、师生间的沟通，到班级、社团、学校里的学生干部竞选，再到参与共青团、少先队、学生会等部门组织和展开的各类活动，参与社区社会实践、进行社会调查，甚至到诸多国内外著名大学对本科生（特招生）、研究生录取时进行的面试提问等，对语言表达能力的考查，已经全方位地渗透在每一个孩子日常成长的过程中。

然而，我们不得不面对的窘境是：国内缺乏对符合学生成长阶段特点的语言表达教学方法及师资培训研究。

从学校教育教学的角度来观察，在现行的中小学学校教育体系中，缺乏专门的少儿口语教学课程，仅有的教学内容只是在语文教学中加入了沟通对话的教学模块。这种安排缺乏系统化教学设计，提升的仍然只是传统语文教学中的阅读和作文能力。

从师资来源来看，我国各类高校并没有开设少儿口语教学专业，即便是高等师范院校，也缺乏必要的教学力量来培养相关的人才。因此，在中小学开设的语言表达类兴趣社团和社会少儿语言培训机构中的教师主要可以分为以下三类。

第一类是来自各类高校中的播音与主持专业毕业生或在校生。此类教师的优点是受过系统的播音与主持教学体系培养，有扎实的基本功，声音的情感表达和气息控制准确，普通话语音标准，拥有一定的舞台展示经验，给少儿授课时能够较好地进行有声语言示范，专业指导性强。此类教师的缺点是，对少儿口语教学方法、少儿学习心理学、口语能力培养方法等方面缺少研究。最常见的误区是，他们容易将播音主持专业大学本科课程内容照搬到少儿口语教学中来。

第二类教师是来自师范院校的汉语言文学专业、学前教育专业、艺术类师范专业的毕业生或在校生。此类教师的优势是，接受过系统而专业的师范生教师技能培训，能够清晰地了解教与学的过程。教师的课堂教学意识较强，能相对严谨地掌控教学进度，了解学生的学习心理，并能够采取相适应的教学方法。而这类教师的最大缺陷是缺少对有声语言表达的系统学习，特别是在口语发声、普通话语音以及稿件的情感表达等方面存在知识和技能的硬性缺陷。相当一部分老师没有办法给学生做正确的专业示范，往往过多地借鉴学前教育专业的游戏活动开展授课，对于口语表达的内容也只能想当然地进行专业教学。同时，此类老师缺少必要的舞台展示经验，在学生实践课方面缺乏针对性教学指导。

第三类教师是来自各类媒体的播音员、主持人。近些年来，随着少儿口才培训市场需求的旺盛，以及广播电视媒体的发展与新兴网络媒体的涌现，一部分在职的播音员或主持人投入少儿口语教学的培训工作。此类师资具有良好的从业经历，也系统学习过播音主持专业或者相关学科的知识内容，但因媒体本职工作的繁重，往往影响到此类教师对教学的钻研和探究。不少老师在从教时，往往凭借个人的媒体工作经验来开展教学，缺少必要的专业理论支撑，同时因为缺少对儿童心理学以及教育学相关方面的学习，此类教师在教学时往往缺乏必要的教学技能。其教学理念和教学手段相对单一，不能适应当下少年儿童发展的需求。

另外，还有一个值得学校和教育部门关注的问题：如果教师队伍呈现的是一种临时性特质，这样的教学团队往往缺乏统一的教育理念和完整的教学构思。在面对市场需求和同行竞争的同时，大多数少儿口才培训机构往往采取大批量生产的模式——不同的学生都安排朗诵相同的稿件，无法顾及学生的个性特征和心理发展。同时，各教学培训机构用唯一的教学目的和教学标准去衡量每一个学生，这就导致小小的孩子站在舞台上说着与其年龄身份不符合的语言。这种语言样态缺乏童真，也不符合少年儿童语言学习的根本要求。无论什么年龄阶段的孩子，经过某些社会机构的培训，呈现出的都是千人一面、动作机械、缺少激情的成人化教学样态。

少儿口语教学不是简单的播音与主持本科教学的低龄化，也不是为了培养一模一样的当众表达。少儿口语的培养目的，是基于少儿的心理发展和学习特质，以完善人格、优化性格为目标，全方位促进少儿健康成长，发展和提升少儿的当众口语表达能力。这种能力是个性化的，是符合社会发展需求的，同样也是得体大方的。

在青少儿语言表达教学中，教师处于主导地位，教师的综合能力在教学中尤为关键。青少儿语言表达教学不仅要求教师具备扎实的专业功底，而且要求教师掌握语言学、儿童心理学、教育学等相关知识。同时，教师也要发展教学研究能力。青少儿语言表达教学处于一个发展阶段，在教学中，需要教师通过教学观察与教学反思，不断进行内容的调整与创新。

新时代教师要结合新媒体技术对教学的手段与方式进行创新与改进，在使用基础教学设施的条件下，要善于利用多媒体教学设备，将教学内容形象化、生动化，引导学生主动思考，积极参与。在教学输出环节，教师应打破传统空间、时间等因素的局限，为学生提供多元化输出平台，善于利用新媒体平台进行教学输出，为学生提供丰富的实践机会。

（三）教学环境多态化

语言的学习与生活息息相关。青少儿语言表达教学的课程内容以及培养目标较传统学校课程更具开放性。课程包含的一些内容需要学生在教师带领下走进生活、结合实践环境与情景进行训练与学习，如教学中的采访板块大多需要学员“走出去”，结合具体的采访内容进行练习，让学生真实体验、真心感受。

语言表达的学习效果需要在实践中得到检验，学习的输入与输出对于学生来说非常重要。目前，社会上有很多语言艺术类比赛。参加比赛不仅是对学生专业能力的检测，也会使学生的专业能力得到锻炼与提升。比赛为学生提供了一个知识输出的平台，让学生认识到自己的优势与不足，学生通过与参赛选手的对比、交流与学习促进知识内化。

“院校合作”方式是未来青少儿语言表达教学的一种新趋势。目前，青少儿语言表达的教学者一部分为播音主持专业的大学生。一方面，青少儿可以去大学进行参观交流，向富有经验的大学生请教学习，从而开阔视野，学习理论，在实践中感受语言艺术的魅力。另一方面，大学生可以在中小学进行实践教学，在教学中提升专业能力。大学生的青春活力以及幽默轻松的课堂方式往往很受学生欢迎，这样的教学环境会打破传统讲授式课堂模式，学生与教师之间以更加平等、更加自由的状态进行学习，极大地提升了教学效果。

（四）教学技术现代化

新媒体技术的发展推动了教育媒介的变革与创新，进而促进教育质量的提升。教育媒介从单一式教具发展到图文声像并茂的多媒体，再发展到具有专业性与互动性的人工智能。随着技术的日趋成熟，虚拟现实技术开始被社会的各个层面所接受，并逐渐进入学校的课堂。目前，青少儿语言表达教学设备仍然以传统基础教育媒介为主。在教学过程中，抽象的教学内容对于低年级的学生来说一般较难掌握，借助新媒体，通过动态多样的画面使抽象的文字内容生动化，学生就可以“直观式”观察媒体中角色的行为，在使用媒体的过程中教师可以引导学生发挥想象、了解学习内容，从而形成创造性思维。

新媒体技术的参与有利于构建相互连通、即时互动的教学环境生态。技术的多样化促进学生主动参与各个教学环节，更加自由地进行自我表达，从而避免“填鸭式”教学。学生不仅是教学信息的接收者，也可以作为课堂信息的发布者和反馈者进行创造性学习。在青少儿语言表达教学中，学生才是课堂的主人，教师以引导者身份有目的地引出课堂内容，课堂中最关键的是“情境”的营造，以聊天、谈话的方式开启民主、自由、和谐的课堂。如“看图说话”，这一板块的目的是使学生能够根据要求阅读、描述和创编图片的内容。教师运用技术可以使图片呈现“动态化”，一些媒体资源甚至可以通过技术将学习资源进行集合，形成一个完整的、有体系的交互体验过程。学生不仅可以根据故事情节从头到尾讲述，还可以根据自己的想法进行创作和叙述。课堂上学生通过技术以及教师的引导，主动对教学信息进行思考和反馈，技术的参与在为教师教学提供服务的同时，也为学生打造了自主个性化的学习模式。

学习活动

思考练习题

1. 语言表达教学法的性质与对象是什么？
2. 教学法的结构体系和基本任务应该是怎样的？
3. 语言表达教学法与其他学科的关系是怎样的？
4. 什么是“童语同音”计划？
5. 如何从语言表达教学的角度理解教师能力多样化？

第二章　青少儿语言表达教学法的课程与教材

☞ **本章学习目标**

1. 了解青少儿语言表达教学法的课程类型和教材编写原则。
2. 理解青少儿语言表达教学法的目标。
3. 掌握青少儿语言表达教学法的结构和教材编写特点。

对于任何一个学科来说，课程和教材都是其最基础且核心的部分，课程指向实战，教材指向体系，二者相辅相成。青少儿语言表达教学法的课程秉承实用为主的原则，播音、主持、表演等理论技巧及应用构成了课程的基本内容。教师充分掌握此类综合技能，通过讲授课程将其传授给学生；学生通过课程学习，学会相关技巧，提升语言表达能力，丰富义务教育课内学识，拓展课外艺术素养。从现阶段的青少儿语言出版物和各青少儿语言培训机构的学习材料来看，青少儿语言教材一般根据学生的发展阶段和此阶段应掌握的能力编写而成，内容同样重视实践作用。教材中的实训范例比重较大，普遍围绕一个重点理论配置大量的高关联性练习材料，形成“以练助学”的教材体系。认识课程与教材的基础地位，掌握相关的构成原则和要素，对于每一个青少儿语言表达教学的从业者都具有十分重要的意义。

第一节　青少儿语言表达教学法范式及变革

青少儿语言表达教学法脱胎于高等教育阶段播音与主持艺术专业的课程体系，兼顾义务教育阶段大语文的布局，以语言表达来促进文学和艺术修养，以沟通交流来启迪智慧和完善青少儿品格。课程是“课堂教学、课外学习以及自学活动的内容纲要和目标体系，是教学和学生各种学习活动的总体规划及其过程”①。语言表达和交流是现代社会中每个人的基本能力素养，良好高效的交流行为在交际中具有明显优势。青少儿语言表达教学法通过规范学生普通话语言，实现标准的语音发音；通过提升学生艺术语言表达能力，实现较专业的朗诵表演艺术表达；通过锻炼学生思维、训练学生语言组织能力，提升学生综合语言表现力，实现高效的语言交际实践活动。

一、课程的类型

（一）工具类课程

个体的言语跟随个人意志呈现出不同特点，个性化的语言表达背后有标准的语言规范作为基础，交流的群体性决定了群体中的个体必须遵守一定的规则以保证互通信息的有效性，此为语言的工具性质。《义务教育语文课程标准（2022 年版）》的课程总目标中提出：“认识和书写常用汉字，学会汉语拼音，能说普通话。主动积累、梳理基本的语言材料和语言经验，逐步形成良好的语感，初步领悟语言文字运用规律。”

汉语普通话是沟通交流的载体，掌握标准的普通话是语言交际的前提，此时普通话作为一种工具而存在，具有沟通工具性质的课程主要包含以下两类。

1. 普通话辨音类课程

在汉语普通话的发音标准中，包括声母、韵母、声调、轻声、儿化音、语流音变等内容，不同的方言区容易形成带有不同的方言发音特点的普通话，语音、词汇、语法或多或少都会存在一些问题，导致听感在标准性上有一定程度的欠缺。此类课程以国家汉语普通话一级的标准为基础，通过高标准的要求消除方言音（包括语法）在汉语普通话中的残留。

课程一般从教授单个音节的发音开始，过渡到词语、句子，重点进行此音节相关的绕口令或儿歌的学习，最终将绕口令作为成果展示或加入动作形成舞台表演，检测学生对某一声母或韵母的学习情况。

---

① 李秉德 . 教学论[M]. 北京：人民教育出版社，2001：156.

课程案例

师：小朋友们，快看呀！墙上密密麻麻的绿色藤条是什么呀？

生：嗯，可能是“爬墙虎”吧。

师：回答得不错，那再看看上面挂着什么？

生：挂着小铃铛。

师：接下来就是我的魔法口诀啦！“高高墙上挂藤条，藤条上面挂铃铛。藤条一晃铃铛响，藤条不动铃铛停。”可爱的小铃铛和藤条在一起缠绕“快乐跳舞”的画面是不是已经出现了，大家觉得好玩吗？

生：好玩！

师：大家跟老师一起来学。高高墙上挂藤条。

生：高高墙上挂藤条。

师：藤条上面挂铃铛。

生：藤条上面挂铃铛。

师：藤条一晃铃铛响。

生：藤条一晃铃铛响。

师：藤条不动铃铛停。

生：藤条不动铃铛停。

师：我们现在加上动作试一试！

动作教学（分为“藤条组”和“铃铛组”）：

“高高墙上挂藤条。”（说“高高墙上”时，一手叉腰，一手放在额头，做出向上看的动作）

“藤条上面挂铃铛。”（说“挂铃铛”时，两手假装拿起铃铛挂上藤条）

“藤条一晃铃铛响。”（说“藤条一晃”时，双手叉腰身体左右晃动，假装站不稳）

“藤条不动铃铛停。”（说“藤条不动”时，双手放在胸前合十拍手，随后停在身体两侧）

师：大家表演得很精彩，给自己一点掌声，我们一起上台展示一下！

教学目标：掌握后鼻音 eng、ing 的发音方法；完整背诵，并带动作表演。

2. 语音矫正类课程

学前教育与义务教育阶段的汉语拼音学习，以声母和韵母的拼合发音为主，学生习惯生硬拼合音节，不熟悉从声母到韵母的滑动发音。很多同学的复韵母、鼻韵母发音虽然准确，但美感不足，比如韵母不够明亮，又如发音比较扁听起来不够饱满，再如在发音时下巴太过用力，这都会导致语音准确但听感不舒适的结果。例如“海（hǎi）”音，拼读过程为“h—ai—hǎi”。在汉语拼音的复韵母标准读法中，强调“舌位动程”的要求，即单元音韵母的滑动形成复韵母的过程。比如“海（hǎi）”音，发音过程为“h—a—i—hǎi”。

语音矫正还经常与发声技巧相关，比如口腔开度大小、唇齿是否相依、声挂前腭能否掌握等，这类课程经常穿插气息训练、共鸣训练等内容，是语言表达的开端。

课程案例

口部操练习

少儿阶段的孩子在做口部操练习时，通常会用游戏的方式进行，老师可以通过“萝卜蹲”“击鼓传花”“跳房子”等小游戏方式寓教于乐，将枯燥的口部操练习变得有趣。以“萝卜蹲”游戏为例，比如老师起头说“a 同学做，a 同学做，a 同学做完 b 同学做”,a 同学做完指定的口部操后，接着说“b 同学做,b 同学做,b 同学做完 c 同学做”，每一个人的口部操练习项目由前一个人随机指定。

教学目标：锻炼口腔控制力，让口腔力度增强，满足准确、优美的语音发音要求。

（二）艺术类课程

1. 朗诵类课程

“每一件文学作品首先是一个声音的系列，从这个声音的系列再生出意义。”①语文学科的学习和朗诵艺术的学习之间有高度的关联性。《义务教育语文课程标

① 韦勒克，沃伦. 文学理论[M]. 刘象愚，邢培明，陈圣生，等译. 北京：生活·读书·新知三联书店，1984：166.

准（2022 年版）》每个学段关于阅读的要求，均提到了语言表达对原始文本的二度创作内容，从低学段的“有感情地朗读”，到高学段的“语调、韵律、节奏等的使用”，呈现了循序渐进地使用艺术语言对经典文本再创作的要求特点。朗诵类课程的设立可以用艺术性反哺语文教学，实现义务教育和艺术教育的有机高效结合。

朗诵作为有声语言的艺术再创作，要求朗诵者通过理解、感受，运用一定的语言表达技巧将文字作品二度创作出来。朗诵课程要求学生深入地感受文本，情绪饱满地表达，并结合舞台的效果，创造出“诵”的视听盛宴。

课程案例

古诗：

题西林壁

〔宋〕苏轼

横看成岭侧成峰，远近高低各不同。

不识庐山真面目，只缘身在此山中。

惠崇春江晚景二首

〔宋〕苏轼

其一

竹外桃花三两枝，春江水暖鸭先知。

蒌蒿满地芦芽短，正是河豚欲上时。

其二

两两归鸿欲破群，依依还似北归人。

遥知朔漠多风雪，更待江南半月春。

朗诵提示：《题西林壁》是一首诗中有画的写景诗，又是一首哲理诗，哲理蕴含在对庐山景色的描绘之中。《惠崇春江晚景二首》是苏轼题惠崇的《春江晚景》所创作的组诗。第一首诗题《鸭戏图》，再现了原画中的江南仲春景色，又融入诗人合理的想象，与原画相得益彰。第二首诗题《飞雁图》，在大雁北飞的场景中融入人的感情，侧面表现了江南春美。

2. 表演类课程

教师通过策划将文本按照多种演绎方式编排呈现的课程为表演类课程。表演类课程并非仅限于戏剧表演，还包括相声、小品、快板等形式。儿童拥有表现欲的本能，此类课程对这一本能加以引导，可以实现文本学习从扁平到立体的过程，使学生的学习效能提高，创造力亦可实现提升。通过舞台演出，能够检验学生的学习成果，增强学生表达的勇气，也可以帮助学生塑造健康向上的性格。

课程案例

儿歌：

小老鼠，真正坏①

小老鼠，真正坏，长尾巴，小脑袋。

偷花生，舔饭菜，贼头贼脑上锅台。

小花猫，扑过来，咬住老鼠小脑袋。

该！该！该！谁叫你上锅台。

小话剧：

两只老鼠比胆大②

角色：主持人兼花猫（简称主）；老鼠圆耳朵（简称圆）；老鼠尖尾巴（简称尖）

（幕启，主持人上）

主：两只老鼠，个头儿一样大，一只叫圆耳朵，一只叫尖尾巴。咱们把胆小的人比作“胆小如鼠”，这两只老鼠对自己可不那么评价。你们看，他们来啦！（慢下）

（圆耳朵、尖尾巴小心翼翼地上，他们见四周无人，便抖擞起精神）

尖：呦，这不是圆耳朵吗？

圆：这不是尖尾巴吗？你去干吗？

尖：你去干吗？

圆：眼镜蛇请我去吃麦当劳！你呢？

尖：小花猫的孩子过生日，请我去参加。

圆：什么？你敢去小花猫家？

尖：那你敢去眼镜蛇家？

① 陈文道 . 快乐儿歌精粹 · 知识歌[M]. 北京：金盾出版社，2010：213.

② 小话剧根据鲁兵诗歌《两只老鼠胆子大》改编而成。

圆：眼镜蛇有什么可怕，在这个世界上，我圆耳朵的胆子最大！

尖：你算什么！谁不知道，我尖尾巴的胆子最大！

圆：你的胆子有多大？

尖：你的胆子有多大？

圆：见了狐狸我不怕，我敢咬狐狸的脚。

尖：见了狗熊我不怕，我敢打狗熊一耳刮。

圆：狗熊没有老虎凶，我敢揪老虎的尾巴。

尖：老虎没有狮子凶，我敢拔狮子的门牙。

（主持人暗上，扮演花猫）

主：喵——谁在吹牛说大话？

圆：啊！花猫来了！

尖：快跑吧！

（二人乱跑撞在一起）

圆：哎呀，疼死我了！

尖：哪儿是我的家呀？妈呀，快来救我吧！

（二人仓皇下场）

主：大家看看，这两只老鼠的胆子就是这么大！

（三）能力类课程

能力类课程主要以教授即兴的语言表达为主，着重培养儿童的综合语言使用能力，包括问话与答话能力（类记者采访能力）；描述、复述与评述能力（类主持人与评论员表达能力）；分析与博弈能力（类辩手辩论能力）等。基础能力包括无文本语言表达中的语法规范、遣词造句、行文布局、归纳总结等。通过课程使学生基本实现即兴语言表达语法规范、逻辑清晰、主次分明、时长适宜。

课程案例

辩论赛

老师：各位同学大家好，欢迎大家来到今天的辩论赛。有人说先付出才会有收获，也有人说付出不一定会有收获甚至会吃亏。到底谁的想法是正确的呢？接下来我们抽签决定谁是正方谁是反方。

（学生抽签决定正反方后，两方面对面坐好，教师位于中间主席台）

老师：今天，围绕“付出有没有收获”我们将开展一场辩论，坐在左边的是正方，坐在右边的是反方，欢迎你们！

首先请正方一辩开始立论发言。大家掌声有请！

（正方一辩发言、反方一辩发言）

老师：接下来请正方二辩对反方的观点进行反驳。

（正方二辩发言、反方二辩发言）

老师：接下来是自由辩论环节，在本环节中，双方可以自由发言。

（自由发言）

老师：时间到，最后是总结陈词时间。请正方四辩进行总结陈词。

（正方四辩发言、反方四辩发言）

老师：感谢各位辩手的精彩发言，最后我们有请现场的观众进行投票，支持正方观点的请举手，支持反方观点的请举手。恭喜正/反方获得本场比赛胜利，恭喜你们！

讲故事（沙盘演说或看图说话）

老师：今天我们每一位同学都要围绕“我和祖国”讲一个故事，大家现在就可以开始思考，发挥主观能动性。

现在老师来给大家讲讲我和祖国的一件事。

这是一个阳光灿烂的午后，美丽的校园传来阵阵读书声，安静的操场上是刚入学的我，第一次代表年级参加升国旗仪式，我作为少先队员怀着对祖国的热爱，看着五星红旗渐渐升起，我心里有了当军人的决心，我曾在电视上看到那些英姿飒爽的军人，希望自己就是其中一员，将来的我一定会是一名优秀的军人，身上穿着军装，腰间挎着手枪。此刻我的耳边响起阵阵呼喊，一声一声把我拉回了现实。今天是10月1号国庆节，我已经从少先队员成为一名光荣的军人，这是我以军人身份参加的第一个国庆节。儿时的梦想已经实现，我担起保护祖国、守卫家园的责任。经历过的苦与累都算不了什么，心里只有一句话——“我爱我的祖国”。

这就是我和祖国的一件事。现在大家把你们和祖国的故事分享出来吧！

教学目标：让学生学会用“5W”的结构进行口头描述。

二、课程目标与内容

（一）端正表达思想态度

青少儿语言表达教学法的一部分内容符合“大语文”的课程范畴，《义务教育语文课程标准（2022 年版）》的课程总目标中提出：“在语文学习过程中，培养爱国主义、集体主义、社会主义思想道德，逐步形成正确的世界观、人生观、价值观。热爱国家通用语言文字，感受语言文字及作品的独特价值，认识中华文化的丰厚博大，汲取智慧，弘扬社会主义先进文化、革命文化、中华优秀传统文化，建立文化自信。”

结合以上要求，青少儿语言表达教学在思想态度层面的具体内容包括：提高思想修养；补充文化知识；培养优良品质。

课程内容符合并弘扬社会主义核心价值观，能够帮助并引导儿童建立健康的人格，形成良好的习惯，养成良好的思想品德追求。完善知识结构，净化文本内容，去粗取精，不仅锤炼技能，更培养美好心灵。

（二）规范汉语普通话

通过系统学习，规范汉语普通话发音方法与语法构成方法，使学生能说流利、标准的普通话。具体的课程内容包括：声母、韵母、声调、轻声、儿化音和语流音变。

（三）提高语言表达技能

通过系统学习，提升学生的语言表达（此处指有文字稿件为参照的表达）能力，使其能够把握文本中心思想并有自己的心得体会，结合一定的技巧，实现较优质的语言创作，并实现举一反三、熟能生巧，最终形成自己的艺术风格。具体包括以下内容：停顿与连接；重音与非重音；语气与节奏；语调与音色；语感与情景。

（四）提升即兴语言表达质量

通过启发式教学，提升学生即兴语言的表达能力。《义务教育语文课程标准（2022 年版）》的课程总目标提出：“学会倾听与表达，初步学会用口头语言文明地进行人际沟通和社会交往。”

语言学家索绪尔提出："对每个时期，不仅要注意正确的语言和'优美的语言'，而且要注意一切的表达形式。"[①] 即兴语言表达的课程目标不仅包括规范、优秀的遣词造句能力，更要注重表达逻辑与表达场合的语言技巧差异。具体包括描述、复述、评述、问答交流和辩论。

三、课程结构

（一）基础性课程

青少儿语言表达教学法的基础是普通话语音与有稿语言表达技巧，这两个内容贯穿整个语言教学法的始终。标准、流畅的普通话是所有语言表达方式的基础，当独立的汉字连成词时，就有语言表达的外部技巧介入，即词语的轻重格式；当词语连成句子，句子连成段落和篇章之后，就需要更多的语言表达技巧作为依托。日常交流包括听话与说话两个部分，语音的规范与标准确保了交流双方互相"听话"的质量，有技巧的准确表达保证了"说话"的质量。基础性课程必须贯穿整个语言教学的全过程，才能保证语言教学活动的效果。

（二）多样化课程

多样化课程是针对高等教育阶段的课程设置提出的，要求课程中心从纯理论型向实用型过渡，学习并掌握专业技能，向专业劳动对口的就业方式要求倾斜。这一概念的指向逐渐泛化，成为各种阶段、各种类型课程结构创新的试点方向。语言表达教学极具艺术性，使用优秀的语言进行表达与演绎，逐渐成为一种技术和艺术特长。在全媒体环境下，主持人、记者、网络主播都已成为必需人才，课程的设置对口相关行业的从业需求，可实现知识与技能的转化、学习与应用的转化。纵观人的一生，无论是学习还是工作，都离不开沟通和交流，一个人在完善自我、实现自我价值的时候必须依托于群体，而处理与群体的关系亦可在个人的成长中反映出来。良好的表达与交际能力，是能够有意识、有方法、有逻辑地引导和传授的，这也构成了多样化课程的重要组成部分。

---

① 索绪尔．普通语言学教程[M]．高名凯，译．北京：商务印书馆，1980：26.

（三）个性化课程

依据每个青少儿的具体情况开设的老师面对学生的一对一小课课程，多在能力提升阶段作为配合课程进行。声带的薄厚、共鸣腔的大小等个体的生理结构差异造就了每个人独一无二的发音特色，这些发音与吐字器官先天形成，不能更改。因此，即使相同的文本采用相同的技巧，由不同的人演绎出来还是有明显的差别的，这就决定了个性化课程开展的必要性。通过一对一的教学活动，可以最大限度地发掘个人语音特色，并通过科学的方法对音色进行美化与调试，从而挖掘每个人的艺术风格。

（四）实操性课程

语言表达能力的教学，其实践性大于理论性，实操性课程是语言教学中的特色课程，通过社会实践反馈教学成果，可形成最直观的感受。例如，诗歌朗诵的学习能以参加比赛的形式进行，需要搭配精致的服装，剪辑合适的配乐，经历练习和彩排，到专业的舞台灯光下展示，形成影音作品，最终通过成绩与排名实现课程验收。青少儿语言表达教学法的实操性课程能对语言表达相关的职业和行业进行不同程度的模拟，提升课程的实用性。

第二节　青少儿语言教材的主要形态

青少儿语言教材目前处于高度发展阶段，由于青少儿语言教学非基础教育阶段必修内容，没有权威的教学大纲，又因其没有相关协会监管，故而形成了培训机构编写、作者个体编写、培训机构与作者个体合作编写三种编写方式。青少儿语言领域已有诸多教材，这些教材虽各有特色，但基本遵从青少儿特定年龄的特定接受能力和学习能力，采取有秩序的、有逻辑的、符合青少儿心理发展的分级式教材编写方式。青少儿语言表达教学法教材的编写内容日渐丰富，质量逐步提升，符合学科的知识结构，遵从基本的教学规律，涵盖语音发声、语言表达、非语言表达等内容，更兼顾了与其他关联度较高的艺术学科的交叉和融合。教师对教材的形态应有基本了解，以便正确理解教材内容，更高质量地使用教材，促进并完善教学过程，最终实现教学目标。

一、青少儿语言教材的内涵与功能

《教育辞典》指出，“教材是依据教学大纲和教学实际需要为师生选编的教科书、讲义、讲授提纲、辅助资料和图片等教学材料”①。教材包括需要讲授的内容、需要遵循的逻辑顺序和科学方法两个部分。教材的功能在传播者与接受者之间呈现出明显差异：对于教师而言，教材起到规范教学过程与方法的作用；对于学生而言，教材起到明确学习任务与知识脉络的作用。青少儿语言相关课程的教材，由于实践性强、灵活性高，又呈现出与传统教材的一些差异。

青少儿语言表达教学法的教材首先符合大多数教材的编写方式，即以本学科知识脉络为线索，呈现从易到难的阶梯式特征。在实践性高于理论性的要求下，教材遵从实训示例练习内容多于理论知识讲授内容的原则，一个知识点往往要通过大量的实践练习材料进行前期说明和后期知识巩固。实践练习材料与所学知识内容高度匹配，也与适龄青少儿的学习能力与兴趣爱好高度契合，形式丰富多样，有低年龄阶段的绕口令、儿歌、快板、舞台剧，也有高年龄阶段的诗歌、散文、相声、主题演讲等，种类繁多，不一而足。

青少儿语言表达教学法的教材功能首先体现在帮助学生树立正确的人生观、世界观和价值观上。所谓“言由心生”，一个人所说的话、所表达的内容，都反映了这个人的思想修养和道德情操。首先，青少儿处在成长阶段，对世界的认识需要正确的指引，而教材是其中重要一部分。其次，青少儿语言教材起到了知识积累的作用。所有的学习都是有逻辑、有顺序的，如果越级学习、超前学习，难免事倍功半。教材帮助老师和学生理清学习的思路，确定所学内容的秩序，通过学习单个表达技巧，进而将多个技能科学进行叠加，最终实现对能力的综合掌握。再次，青少儿语言教材承载了拓展知识的功能。在兴趣课程与文化课程不冲突的前提下，教材中的实训范文选择中外经典文学作品，体裁上涵盖古典诗歌、现代诗歌、散文、杂文、小说、寓言等，可以充分补充课内阅读量，实现“大语文”的学习布局。

① 张焕庭 . 教育辞典[M]. 南京：江苏教育出版社，1989：746.

二、青少儿语言教材的主要形态

依据教学规律和教育心理，青少儿语言表达教学法遵循阶段式教学要求，教材形态以分级式为主导。

（一）教材编制特点

1. 结构基本一致

青少儿语言表达教学内容较多，在编制的逻辑结构上也有较多相似之处，主要包括以下四类。

（1）基础知识板块。基础知识主要包括发声和语音两个部分，发声一般包括呼吸练习、共鸣练习、咬字练习，语音一般包括声母练习、韵母练习、声调练习。发声和语音两部分均有理论知识的讲解，且包含配套练习材料。

课程案例

双唇音发音学习

b、p、m 这三个声母有一个共同点——都是由双唇紧闭构成阻碍而发音。它们的发音部位是上下唇，因此叫双唇音。

从今天起我们开始学习声母的发音，今天要先来分享汉语拼音 b 的发音。

首先紧闭双唇，憋住气。舌头放平，突然分开双唇，牙齿会随双唇运动，在气流冲出口腔的同时发出爆破的音。

声音由声带振动发出，送气力量较弱。例如：

补办（b—b—）　　壁报（b—b—）　　北边（b—b—）

背包（b—b—）　　奔波（b—b—）　　冰雹（b—b—）

p 与 b 的发音方法大体相同，只是双唇打开时，冲出一股较强的气流。例如：

乒乓（p—p—）　　拼盘（p—p—）　　偏旁（p—p—）

琵琶（p—p—）　　批判（p—p—）　　排炮（p—p—）

发 m 时，双唇紧闭，软腭下垂，气流由鼻腔流出，声带颤动。例如：

买卖（m—m—）　　埋没（m—m—）

门面（m—m—）　　明媚（m—m—）

教学提示：标准的语音和良好的发声习惯是语言表达的根基，教师要结合教材对基础理论知识进行讲授。对于青少儿来说，这部分学习相对枯燥乏味，学生上课时容易开小差，因此，教师在实际授课时可以插空故意运用一些错误的音来刺激学生的听觉，比如带有方言的音、唇形不对的音、用声位置错误的音等，在起到刺激作用后，教师可以及时纠正，讲授并巩固正确的发音技巧。同时教师可以借助一些教具，例如小镜子、棉签等，辅助学生通过观察自己口腔器官的位置和运动状态来准确发音。教学时学生不要急于发音，更忌在技巧不娴熟时进行大量练习，而是要以教材为本，掌握正确的方法，充分巩固和重复，增加练习次数。

（2）范文训练板块。范文训练板块是青少儿语言表达教学法的主体内容，语言表达教学以字词为出发点，最终实现连词成句、连句成篇。有稿件的语言表达需要以范文作为依托，无稿件的语言表达落脚于即兴成篇，语言表达在篇章中才能见高下。例如，教师在教会学生一定的语言表达技巧后，凭借范文，通过介绍范文背景和范读指导学生对所学内容进行实践，再让学生通过练习和纠错来巩固技能掌握。范文的使用基本遵循“教师示范—学生感受—学生模仿—教师纠错—学生改正”这一基本规律，以实现语言表达能力的掌握和知识的落地。

课程案例

绕口令：

数枣

出东门，过大桥，大桥底下一树枣，

拿着竿子去打枣，青的多，红的少，

一个枣，两个枣，三个枣，四个枣，

五个枣，六个枣，七个枣，八个枣，

九个枣，十个枣；十个枣，九个枣，

八个枣，七个枣，六个枣，五个枣，

四个枣，三个枣，两个枣，一个枣，

这是一个绕口令，一气儿说完才算好。

教学提示：范文对教师的影响主要体现为凭借作用。教师在具体教学中需要结合教学目的进行范文的导入，比如在保证响度、清晰度、声音弹性的基础上，先引导学生吸一口气从 1 数到 10，继续挑战吸一口气从 1 数到 10 再从 10 数到 1，然后将绕口令《数枣》的内容分割，选择两个同学搭档念，分别练习快吸快呼、快吸慢呼等气息控制，唇齿力度、声音弹性等发声技能，实现范文的综合训练功能。

散文诗：

落叶①

秋风起了，天气凉了。一片片树叶从树枝上飘落下来。树叶落在地上，小虫爬过来，躺在里面，把它当作屋子。树叶落在沟里，小蚂蚁爬过来，坐在上面，把它当作小船。树叶落在河里，小鱼游过来，藏在下面，把它当作小伞。树叶落到院子里，小燕子看见了，说："来信了，催我们到南方去呢！"

教学提示：《落叶》是一篇很美的散文诗。在教学中，老师应充分调动学生的视觉、听觉、嗅觉、触觉、味觉，用图片、视频等方式引导学生感受秋天的温度、落叶的颜色、蚂蚁的形态等，让学生先感受浓浓的秋日美景，最后进行表达。同时，表达应注意差异化，比如读"燕子""蚂蚁"时，用声音的大小进行区分；读"河""沟"时，用声音的动与静进行区分。

（3）综合艺术板块。语言表达教学的关联艺术形式较多，在教材编写中要融入戏剧、相声、小品等艺术形式。

课程案例

幼儿相声：

买爸爸②

甲：今天，咱俩说段相声。

乙：说段什么相声呀？

甲：买爸爸。

乙：什么，买爸爸！我可没听说过有买爸爸的。

甲：我就买过。

乙：真的？

甲：星期天，爸爸带我逛商店。

乙：过假日嘛！

① 党昭尤．幼儿语言教案 100 例［M］. 桂林：广西师范大学出版社，1997：159.

② 贾敏霏．少儿语言艺术表演分级培训课程 三四级［M］. 石家庄：河北人民出版社，2017：27.

甲：呵，商店里有那么多好玩的玩具！

乙：都有些啥呀？

甲：有米老鼠、唐老鸭、机器狗、洋娃娃，还有小猴走钢丝。

乙：你要哪个呢？

甲：我都要！

乙：你爸爸让你买吗？

甲：爸爸从来不小气！

乙：真疼你。

甲：可那天爸爸没带那么多的钱。

乙：那就少买几样呀。

甲：我不干！

乙：那怎么办呢？

甲：哭哇！

乙：哭？商店里那么多人，你不怕被人家笑话？

甲：我倒没什么，可我爸爸绷不住了，他把我的手一甩说：买一个还不够，还要买多少，回头把我给卖了，给你买去！

乙：那好啊！

甲：我抬眼一看，爸爸真不见了！

乙：准是让你气走的！

甲：我对售货员阿姨说，这些玩具我都不要了。

乙：（模仿售货员）那你要买什么呀，小朋友？

甲：我要买爸爸！

教学提示：对口相声的第一要求是自然。通过故事编撰或故事讲述帮助学生记忆相声内容，如果要求学生死记硬背，最终呈现很有可能会有“背稿”的痕迹，语流不顺畅，指导练习中尽量避免使用过于夸张的语气。青少儿的表达欲和表现欲都很旺盛，老师应该把握好分寸和火候，绝对不能为了演出效果故意审丑，要引导学生注意倾听，模拟正常的交流行为，一问一答中需要有对于上一个说话的人所说内容的反应，体现为思维的断续，注意不要只机械地讲述自己的台词。

（4）实践实训板块。语言表达教学的使用场景很多，教材中模拟部分使用场景，例如采访场景、演讲场景、主持场景等，通过场景设置和角色扮演，对学生进行相关的语言表达技巧培养和训练。

课程案例

模拟采访：

植树节活动采访

植树节到了，你作为校园广播站的小记者，跟随学校师生参加郊区植树活动。你想采访哪些人，并问什么问题呢？

教学提示：模拟场景的练习是学生语言表达综合能力提升的重要方式，需要注意场景和角色的双重配合。模拟采访中的被采访人物的选择需要考虑事件参与时间和程度，比如在植树节采访中，要考虑植树活动的前期筹备、中期执行和后期追踪，从参与这些活动的人中选择合适的人进行采访，就基本可以辐射整个新闻事件。还要考虑问题的设计，以封闭式问题为开端，以开放式问题为结尾，循序渐进地切入主题，避免无效对话，杜绝跑题现象，教会学生交替使用不同的提问方法实现采访目的。

面试问答：

应聘志愿者

学校要选拔下一个季度学校门前道路的交通协管志愿者，要求报名的同学准备一个自我介绍，并在面试现场回答面试老师的三个问题，你要怎么做准备呢？

教学提示：自我介绍的撰写要突出个性化，避免假大空，学会举例子。学生在面试志愿者岗位或竞选班级职位时都需要自我介绍，自我介绍一定要脱稿表达，并且要实现完全的口头化、语言化，需要教师根据教材模拟的场景要求和学生自己撰写的稿子，帮助学生完成自然的语言表达。为了达成这一目的，教师需要在稿件中划定轻声和重音，注意快语速与慢语速的搭配，特别是根据语流和语势来标注起承转合。

回答问题首先考虑的不应该是回答，应该是找到问题出现的原因，并依次来解决问题。例如，面试教师问："如果有同学不遵守规则，突然横穿马路，你该怎么做？"教师应引导学生不要先回答怎么做，而是先找到这位同学横穿马路的原因。然后根据不同的原因，再去分别解决问题。这样的做法可以帮助学生培养深入思考和逆向思考的习惯，在实现了基本的流畅表达后，就可以进入深化表达和高质量表达的教学内容，循序渐进地提升语言交际能力。

2. 分级方式类似

教材的分级基本遵从所适用的年龄阶段划分，按照由易到难的顺序编制。为统一分类名称，此处用“一级”“二级”“三级”进行指代。“一级”教材主要适用于学龄前少儿，难度最低，以规范口齿、儿歌教学、兴趣培养为主；“二级”教材主要适用于小学五年级及以下的青少儿，难度中等，以念绕口令、诗歌散文朗诵、主持、演讲为主；“三级”教材主要适用于五年级以上到初中三年级的青少儿，难度较高，综合性较强，学习内容在“二级”教材内容难度加深的基础上加入大量即兴表达，如辩论、采访、评述等。

由于教材编制的靶向受众不同，最终的教材呈现形式也不同。有些教材在策划时把靶向受众设定为小学前青少儿，在教材编写过程中就会将小学阶段分为两个部分，将前述“三级”内容放在小学阶段的后半部分中。还有些系列教材书目种类数较多，也是将前述的三类内容做了练习上的延伸，分级方式没有变化。

3. 内容关联度高

青少儿语言表达教材的编写在章节内部和不同册之间呈现较高的关联度。章节内部在宏观上可以分为课堂内容与课后内容两部分，课堂内容包括理论知识的学习并配合部分练习，课后内容紧扣课堂讲授内容安排练习材料。在细节处理部分，教材的每一章小到插画、大到主题都是统一的，不同内容的类别统一在一个主题之下，形成了内在关联逻辑。系列丛书的册与册之间也不是完全断裂的，在较简单的教材中涉及的知识和技能，在较难的教材中依旧会涉及。较难的教材对教师教学和学生掌握知识提出了更高的要求。

（二）教材形态优势

1. 符合教育规律

教材对于教师而言是教学最有价值的材料，对于学生而言是学习和训练的范本，教材的科学性、系统性极为重要。语言表达教学是一种语言教学活动，因此，教材要符合语言学习的一般规律。“模仿、记住、积累、应用、纠错、领会、吸收、理解，交互作用，往复循环，学习语言大体是这样一个过程。学习语言绝不是先理解后应用的一个简单的过程，而是在运用语言中学会运用的过程。”[①] 青少儿语言教材的编写强调实践练习的内容，可以实现在学习中运用、在运用中巩固学习的一般语言学习过程，满足语言学习的核心要求。

2. 辅学与辅教兼顾

青少儿语言教材以语言表达的技巧为基础，配合大量实践练习材料，组合成完整的内容，可以同时实现知识巩固和材料练习，便于学生学习。由于青少儿语言教学没有权威的教学大纲要求，教师授课的自由度比较大，教材的分级方式比较类似，教师就可以通过购买同级别的多种教材，实现自我提升。在不同的教材中，教师可以探求更合适的授课方式，找到更恰切的练习材料，整个过程可以完全借助教材实现，十分方便、快捷。

3. 嵌入“大语文”概念

“大语文”的概念最早由我国特级语文教师张孝纯提出，引起了教育界人士的高度重视。随着教育事业的发展和教育观念的革新，这一概念已经成了义务教育阶段语文学科的新追求。语文学科学习的是语言和文学，伴随着考试的硬性达标需求，学生的文学阅读以做题为前提，学生的文学常识以熟练背诵为结果，学校传统的语文课堂很难全面开展语言和文学的学习。课堂语文学习的重点放在“听说读写”的“写”上，注重培养书面文字功底，而“大语文”则提出了以上四项内容综合全面发展的要求。青少儿语言表达教材侧重于语言表达，提升了青少儿“听”“说”“读”三个方面的能力，很好地弥补了语文教学的短板，通过提升学生的表达能力，实现语言与文学的综合发展，完成“大语文”的文化理解使命。

（三）教材与数字资源的结合

随着全媒体时代的到来和高性能移动终端的普及，数字资源包逐渐成为各类教材的黄金搭档。青少儿语言表达教学法的视听特性决定了其教材必然依赖音视频资源，从光盘开始，到如今的二维码，多元数字资源已逐渐成为青少儿语言教材的标准配置。

---

① 王世堪．中学语文教学法［M］．北京：高等教育出版社，1995：15.

1. 音视频资源的便利性

数字资源自诞生以来，就随着科技发展不断地更新换代，其形式逐步革新，逐渐向造价低廉、操作便捷的趋势发展。青少儿语言教材中音频、视频资源一般均随教材附赠，主要有光盘和二维码两种形式。

光盘的整合性更好，一本书配备一张光盘，内含全书的数字资源音视频文件，有明晰的目录以便于快速检索，方便拷贝留存，可以依托多种内容存储设备进行使用，不依赖于互联网。二维码使用更方便，在智能手机大范围普及的当下，不需要其他终端设备，仅依靠手机就可以实现音视频的播放。它还具有很强的针对性，二维码一般在练习材料旁边直接印刷出来，“学到哪，扫到哪”，无须在文件里翻阅，省去了繁复操作的时间成本。然而，二维码的数字资源一般无法保存到本地设备，且对于网络要求也较高，网速过慢或连接不顺畅会有资源加载失败的可能。数字资源的两种实现形式各有利弊，均是青少儿语言教材中音视频范例的成熟载体。

2. 数字资源与教学、教材的弹性互补

教材在课堂教学中起到教师教学实践和学生学习行为之间的桥梁作用，在课外自学预习与知识回顾中起关键的指导性作用。教材仅作为教学目标和内容的载体存在，无法呈现具体的教学过程、教学方法，在实践练习中仅能呈现范文的文本内容，并不能呈现表达的具体要求和技巧。与一些重理解的学科不同，青少儿语言学习通过大量、反复的实践练习来巩固知识的理解和方法的应用，教材的仅可视特性远不能满足学科对课堂之外学习和练习的要求，数字资源可以很好地弥补这一短板。

在课外教学的预习活动中，教师可以结合教材文本和数字资源内容布置预习的任务，学生在熟悉教材文本内容的同时，对数字资源的学习也帮助学生对课内教学技能的呈现有了笼统的感知，有利于提升课堂教学效果。在课内教学中，教师可选择与课程内容强相关的拓展性实践材料进行教学，将教材中的实践材料放在课外巩固教学，借助数字音视频资源，使学生的巩固学习有指导性，在教学上也实现了短时间、高效率的目的。

青少儿语言教学法存在双个体性特色，教师个体和学生个体均呈现出极强的个性化特征，善于利用数字资源搭配教学和教材，可以实现教师和学生个性发展的弹性互补，但过分依赖则会导致学生表达同质化的结果。青少儿语言教材顺应新形态教材发展形势，引入数字资源，教师应当把握分寸、妥善应用，实现教学时空的拓展。

学习活动

一、思考练习题

1. 青少儿语言表达教学法的类别有哪些？具体授课时有怎样的差别？

2. 在进行公开课试讲时，选择怎样的课程内容才能够出彩？

3. 如果一个学生在学校上课时学过某一篇范文，学校老师也教过这篇范文的朗读，在语言课程中进行此篇范文的教学应该注意什么？

4. 认真翻阅你正在使用的教材，分析其中的编辑框架和逻辑。

5. 如何巧妙运用电子资源进行教学活动？

二、实践练习题

1. 尝试根据课程目的倒推课程过程，制作一节课的授课计划，并模拟教学，感受差异。

2. 根据课程安排，制作一份电子资源包，并运用到教学中，接收学生和家长的反馈。

三、拓展阅读

1. 博比特．世界教育思想文库：课程［M］．刘幸，译．北京：教育科学出版社，2017.

2. 陈月茹．中小学教科书改革研究［M］．北京：教育科学出版社，2019.

3. 杨龙．以学习为中心的课程实施［M］．上海：华东师范大学出版社，2018.

4. 张慧群．学科核心素养与学科课程群［M］．上海：华东师范大学出版社，2019.

5. 张燕华．教科书语言学［M］．广州：广东教育出版社，2019.

第三章　青少儿语言表达的教学计划与设计

☞ **本章学习目标**

1. 熟悉教学原则与教学模式。
2. 了解教学环节与教学计划的关系。
3. 掌握教学计划与教案设计的基本方法。

教师对教学原则的把握和教学计划的制订至关重要，教学原则体现教学规律，指导教学环节的各项工作。教学计划决定着教学整体内容和总体架构、课程教学的顺序、教学实践和教学活动等。教学计划和教学大纲、教材紧密联系，它能反映并体现教学内容。遵循教学原则与教学规律，按照教学规律制订教学计划与设计教案，对于由易至难、由简入繁的语言教学进程尤为重要。

第一节　教学原则和模式

教学基本原则是教师根据教学目的，遵循教学规律制定的指导教学的基本要求，它涵盖教学过程中“教”与“学”两个层面的内容，贯穿教学过程的各个方面。教学原则对教学过程中的各项进程起到规范、指导的作用，教学原则是进行教学过程必须遵循的基本要求，集中体现了教学规律，并能够为教师提供有效开展教学活动的依据。教学原则在一定程度上决定了教学内容、方法、手段以及教学组织形式的选择。

一、主要教学原则

（一）基础教育阶段少儿口语教学需要把握的总体原则

当下我国基础教育阶段普遍存在课业负担过重的现状。2018 年，教育部等九部门联合印发了《中小学生减负措施的通知》，要求“切实减轻违背教育教学规律、有损中小学生身心健康的过重学业负担，促进中小学生健康成长，培养德智体美劳全面发展的社会主义建设者和接班人”。可见，为基础教育减负既是教育部门和社会各界关注的普遍问题，又是基础教育阶段全面实施素质教育的热点和难点问题。我们应当认识到，青少儿语言表达教学是实施素质教育的重要组成部分，它既和基础教育教学层面的美育、德育、艺术教育紧密相关，又与中小学语文、外语课堂教学直接对接。语言应用是现代社会人际交往表达思维、传递信息和交流感情的重要方式与必要手段。朱自清先生便高度肯定朗读与诗、文的关系，他认为语言本身的进展，既依赖日常语言，又依靠朗读，“它的生命在朗读里，我们该从这里努力，才可以加速它的进展”[①]。语言表达是语言艺术的重要组成部分，作为艺术的语言与其他艺术形式相比其特点在于，语言并不产生作用于感官的直觉形象，文学作品的感性形象是通过语言唤起想象而被人间接感知的，这种感知无疑具有更加自由的想象程度和深刻的思想性。基于文学作品的语言表达和口语教学能够充分调动学生对文学艺术作品的审美感知，培养人文底蕴，这也是对学生进行美育教育的理想艺术门类。青少儿语言表达教学法在推广普通话、规范汉语应用、培养想象力、启迪形象化思维、拓展大脑功能开发、增强人际交往能力、提升审美能力与修辞水平等方面有着重要作用。

青少儿语言表达教学和其他中小学阶段的基础课程教学既相互关联，又互有差异。在教学环节中，教师主要起引导作用，在课堂教学中充分调动少儿的积极性，在注重科学教学、科学声音训练的同时，需要考虑课堂设置的趣味性，同时还要兼顾变声期前后青少年的用声特点，在语言素材选编、语言表达及相关训练中，应设置和选取相应有针对性的训练内容和训练素材，既要防止训练内容的“超前”，又要注重训练内容的科学化、体系化、个性化。在青少儿语言表达教学过程中，教师通常把握的原则主要包括教学整体性原则、因材施教原则、有序性原则、理论联系实际原则、量

① 朱自清 . 生命的韵律［M］. 合肥：安徽文艺出版社，2015：203.

力性原则、启发式原则、巩固性原则等。

（二）基础教育阶段少儿口语教学设计的基本原则

青少儿语言表达教学是少年儿童言语形成期重要的语言活动。语言学创始人索绪尔高度肯定了言语行为在语言中的作用。他认为，语言有一种不依赖于文字的口耳相传的传统，这种传统是很稳固的，不过书写形式的威望使我们看不见罢了。[①] 在兼顾中小学生课业负担的情况下，我们应在口语教学的环节设计过程中将口语教学相关内容与基础教育阶段语文教学相结合，通过具体的实践教学，使语言文字训练的“听、说、读、写”能力结合成紧密的有机体。同时，青少儿语言表达教学也进一步拓展学生的形象化思维，促使学生形成乐于表达、勇于表达的良好习惯，最终推动学生整体语言能力、语文表达和写作等能力的综合提升。

语言表达与文学作品分析是语言的使用者表达逻辑思维和形象思维的重要过程。由于少年儿童尚处于认知接受阶段，对部分超前的题材、体裁、内容和情感把握受到年龄的限制，因此，指导教师在教学计划的制订、教学内容的选择、教学进度的掌握方面要兼顾科学性与趣味性。教师要逐步引导学生独立分析解决问题，合理、适度地使用语言表达的技巧，积极调动思维，规避常见的词不达意、表述含糊、逻辑不清晰等现象，较准确地运用表达方式、展现情感脉络。同时，鉴于不同年龄段的少年儿童认知程度有一定差异，在教案设计环节，特别是在选择文本的过程中，教师需要兼顾年龄差异、体裁差异，切忌一刀切，杜绝不切实际的“快节奏”“唱高调”，剔除“背”“念”“朗诵腔”“舞台腔”的痕迹，在把握自然语流的基础上，对语言表达的基本要素进行必要的分析和设计，在身体语言的呈现中也需要把握生活化基本原则。此外，教师还要兼顾学生的性格特点，对于外向型学生和内向型学生的教学方式方法应有所区别。

二、主要教学模式和教学方法

青少儿语言表达教学与常规语文教学既相互关联，又相互依存，教师应当认识到，青少儿语言表达教学是语言文字教学的声音展示与再现，它是将停留在纸面上的语言文字符号重现为声音的重要过程。在语文日常教学中，囿于班级人数、课堂具体

---

① 索绪尔．普通语言学教程［M］．高名凯，译．北京：商务印书馆，2009：36.

要求、课程体系与内容的要求，通常很难做到兼顾每个学生，朗读与语言表达往往成为文字教学的辅助部分，尚有部分语文老师自身朗读或语言表达的规范程度有限，最终导致学生整体语言能力的欠缺。事实上，前些年看到的基础教育阶段中不同学校学生们所作的“国旗下的演讲”便显示了其语言能力仍然较为薄弱，学生在语言表达过程中包括“朗诵腔”“演讲腔”在内的各种“腔调”依然普遍存在。近年来，随着推广普通话工作的不断深入，教师学历层次、业务素质的不断提升，学生语言表达能力获得了一定改善，但与展现汉语的音韵美、旋律美，并达到一定的艺术享受的总体要求仍有一定距离。

在青少儿语言表达教学模式方面，教师可采用教师讲授与演示、学生参与、现场表演、情境体验等方式，具体而言是学生作为语言行为的主体，通过自身演练，不断规范字音、语流、语句，达到提升语言基本功的目的。教师作为引导者在整个环节规范、纠正学生存在的问题，帮助学生加深理解，提升其形象化思维能力，产生语言的层次，达到提升学生整体语言能力的目的。在这一过程中，教师需要充分考虑学生的个体化差异，培养学生独立思考的能力，同时在语言表达方面应加以正确引导，逐步使学生克服对教师的依赖性，有意识地将自己的思想情感转化为清晰连贯的、富有情感和生动性的语言。

在教学活动中，教学法的选取也尤为重要，通常可采用案例教学法、直观教学法和问题式教学法等。教师的讲授和作品演示是少儿口语教学中的一个重要层面。少年儿童认知词汇有限，容易对语言中体现的复杂情感、语句的修辞与内涵把握不准确，因此，“听”教师的作品演示和言语表达行为是其重要的接受方式。在案例教学法中，教师要在讲授和演示的基础上，通过与学生互相讨论的方式，引导学生找到语句表达中的注意事项和需要解决的问题。

教师在课程讲授过程中可以选择直观教学法，充分运用多媒体教学将实物图片、动画演示及实况录像带入课程教学，使复杂的文本内容以更为简单与感性的方式展示出来，丰富课程内容。同时，配合教师讲解，使其语言呈现变得更为生动直观和形象化。

问题式教学法是以问题为导向的教学方法，是基于现实场景以学生为中心的教学法，它的核心是“以学生为中心，以问题为基础”。教师提出问题，学生围绕教师的问题收集资料，发现并解决问题，强调以学生主动学习为主，将问题作为学习的起点。教师在课前可将问题按照难度分为不同梯度，通过语言训练中预设的系列问题，将所学内容隐含于问题中以及学生解决问题的过程中，组织学生对问题进行讨论和思考。教师作为问题的提出者和解决问题的协助者，在整个讨论过程中只是提供适当引导，并不提供标准答案，旨在让学生自己认识。理清各语言表达要素间的联系，帮助其形成知识框架。问题式教学法能够在较大程度上调动学生的主观能动性，提升学生自己处理陌生稿件的能力，对于学生自己处理情感调动，语言中的气息、重音、停连有较好的作用。

第二节　教学计划

教学计划是课程设置的总体规划，它规定了课程类型及其内部结构，以及课程内部相关教学环节、管理过程、学习方式中的总体要求，是对教学整体活动及课下相关活动的全面安排。教学计划决定了教学内容的整体结构和总的指导方向，规划了课程管理的具体要求及相关内容所占的具体比例，界定了课程开设的顺序和课时分配。就具体课程而言，教学计划明确了课程内容的教学顺序、教学学时及相关实践活动等内容。

一、教学计划的意义

教学计划的编制是教学研究工作中的重要一环，它体现着整个教学环节的规律性和科学性。教学计划应符合语言教学和艺术教学的整体规律，青少儿语言表达教学是一项具有时间延续性的，兼具文学性、艺术性的言语教学活动。青少儿语言表达教学计划需要体现循序渐进的语言发展规律，符合少年儿童成长过程中不断探索、积累与认知提升的相关特点。

在整个教学计划的编制中，需要体现少年儿童在文本分析、综合、比较、抽象与概括等方面的特点，在兼顾不同年龄层趣味性的同时，要将形象思维与逻辑思维、定向思维与逆向思维、开放思维与整合思维有机统筹，使之成为艺术教学和语言教学的重要组成部分。

二、教师应根据年龄和认知情况确定口语教学计划

语言表达存在各类差异是我们在教学中最常见、最直观的现象，其影响因素有很

多，如人的年龄层面不同、教育程度不同、文化背景不同、所处地域的方言影响因素不同等，这都会使个体产生语言表达的差异。在这里，我们仅就义务教育阶段的青少儿群体进行划分。基于年龄与认知造成的语言差异是导致这一阶段语言表达差异化的重要因素。

语言的年龄差异是指不同年龄段的语言使用者在学习和使用语言时表现出来的差异。按照社会语言学的观点，少儿语言变体简单，较少有语体变化，而进入青少年时期，语言使用者则对新的语言变化反应最快、最多。青少年阶段是人生的成长阶段，青少年对新事物好奇敏感，乐于尝试，有极强的表现欲，因此，在他们的语言中有大量社会流行用语。特别是随着互联网和移动互联网的普及，当今的青少年，包括他们的父母都是伴随着网络成长起来的一代，社会反响较大的热词，会以更快的速度和更高的频次传递到这一群体之中。

少年儿童年龄跨度大，按普遍认知，一般范围涵盖了 1 岁以上 18 岁以下的未成年人，但由于通常幼儿期的儿童尚处在懵懂期，因此，本书的少儿通常指识字前后到高中阶段这一时期的少年儿童。按照教学对象来界定，这一年龄层面跨度较大，既有尚在识字阶段的低龄儿童，也有具有较完备认知、有一定判断力和理解力并接受过基础教育、即将进入青年阶段的少年。由于其认知水平不同，理解力差异较大，编制教学计划就必须分门别类，有的放矢。

在此，我们可以将学习阶段进行简要划分，即学龄前阶段（4—6 岁）；初级阶段（一到三年级，7—9 岁）；中级阶段（四到六年级，10—13 岁）；高级阶段（初中一年级到高中三年级，14—18 岁）。学生在高级阶段中仍然会存在变声期前后的差异。当然，囿于课程体系限制，我们是否需要进行更为精确的划分仍需要教师根据具体情况进行考虑。例如，可以打破年龄界限，按照学生语言能力进行划分，具有相同表现力和理解能力的学生会被编入同一个教学框架内。这样的划分更为精准，但需要教师付出更多的精力对学生语言能力进行评估。

三、教学过程

（一）教学过程的概念

教学过程是整个教学的流程，它贯穿于教学的整个环节，是将教师的知识、信息传承给下一代的重要过程。美国哲学家、教育家约翰·杜威认为，在教学过程中必须以儿童个人生活实践或直接经验作为学习的核心，围绕特定的体验来学习知识。杜威高度重视情境对于教学的作用，他认为艺术的想象与创造源于对于客观世界的观察和感受。就青少儿语言表达教学而言，它包括教师引导学生感知和理解素材，展开丰富的联想，激发语言表达欲望，达到根据具体文本或个人思维灵活运用语言等过程。教学过程不仅是教师单向传授知识的过程，也是教师引导学生探索知识、形成基本技能，并转化为个体思维创造、个体情感培养、个人能力形成的重要过程。

在教学环节中，教师还应通过对学生的检查与考核，及时发现问题，对于表达中存在的语音偏颇、语病、语法及逻辑关系进行纠偏。同时，教师还应有针对性地展开情感调度，帮助学生在充分联想的基础上调整不准确的情感处理。

（二）教学环节的设置

青少儿语言表达教学既要符合一般语言教学的基本规律，又要在语言表达的基础上凸显艺术性的特质，旨在培养学生的艺术思维、形象思维与逻辑思维。瑞士心理学家让・皮亚杰认为人类认知发展的阶段中，学龄阶段（7—12 岁）的儿童正处于具体运算阶段，这一阶段的儿童能从一个概念中的具体变化抓住本质进行群集运算。青少儿语言表达教学活动能够对这一群体的形象思维、逻辑思维、语言组织、事件分析、情感表达等能力进行综合训练。因此，在教学环节中，听、说、读、诵的训练需要落到实处，让学生形成敢于表达、乐于表达的个性。在教学环节设置方面，应精心安排教学的各项内容，合理使用教学手段，灵活运用各类教学方法，合理分配教学时长，将教学的各个步骤按照既定目标展示出来。

青少儿语言表达教学过程一般包含导入环节、课堂呈现环节、课下练习（课后作业）环节等。

一节课是否成功、能否激发学生的兴趣，继而调动学生的想象力，引发学生的表达欲望，导入环节是一个重要因素。教师在这一环节中除了要认真钻研教材、认真备课外，还要注意所教授的素材与相关内容的联系对接，从而精心设计一堂课的导入。在导入过程中，除了本课素材外，相关背景材料的铺陈也很关键，特别是对素材的背景知识、相关联系、产生结果等内容的介绍，对于学生理解和认知素材起着重要作用，为后面学生能否准确表达奠定了基础。例如，曾经有某少儿培训机构教师在教授《三国演义》的一段材料时，对学生说“桃园三结义”是结义了三次，在讲到“刘玄德面如冠玉”时解释不清，这就明显属于教师基本文学背景常识的欠缺。

导入环节的方式可以多元化，如开门见山式、情景（史料）引入式、启发引导式、游戏与表演式等，不一而足。其目的在于吸引学生参与，但无论具体采用哪种方式，教师都应当注意方式方法，要围绕教学目的，符合儿童心理、生理特征，使整个教学过程切合教学实际。例如，我们经常在一些朗诵比赛和朗诵展示现场看到部分七八岁孩子朗诵巴金的《我的心》、岳飞的《满江红》等作品，孩子只能参考教师的风格照猫画虎，学生用声及语气把握与其年龄差异过大，作品内容明显与其认知相脱离，整体语言表达不伦不类。

在导入环节，需要教师引导学生基于文本充分调动想象与联想，从生活中的事物或现象出发，有目的、有计划地认知事物。黑格尔认为，艺术的想象是“通过常在注意的听觉和视觉，把现实世界的丰富多彩的图形印入心灵里”①。在青少儿语言表达教学中，语言表达或朗诵所依据的文本，多基于散文或诗歌，这些文本表述的场景往往不拘泥于一时一地，这便需要教师在讲授的过程中，充分调动学生的视觉、听觉、嗅觉、触觉等多种感官进行观察体会。观察是调动情感的积极因素，感知是对感受到的事物的认知。观察的目的是掌握相应的语境、外部信息及语言表达的准确切入点。

（三）教学过程中的教师和学生

在教学过程中，教师是教学行为的组织者和引导者，学生是教学的对象和主体。师生关系是整个教学过程中的核心关系和内在动力，它制约和影响教育的成果。事实证明，“以教师为中心”和“以学生为中心”都是片面的，艺术教育尤为如此。我们应当认识到，青少儿语言表达教学既有语言文字教学的属性，又有艺术教学的属性。在课堂中，教师友好的态度、良好的修养、循循善诱的方法、充沛恰当的情感展示和对作品的准确把握，都会令教师成为学生的参考和模仿对象。早在古希腊时期，亚里士多德便提出诗歌、戏剧、音乐都从模仿开始，他认为，有人用色彩和形态模仿，展现许多事物的形象，而另一些人则借助声音来达到同样的目的，凭借节奏、话语和音调进行模仿——或用其中的一种，或用一种以上的混合。由于生活地域不同、语言基础不同、年龄层面跨度大，对于刚刚接触语言表达的少年儿童来说，教师的启蒙起着重要的示范作用和引领作用。特别是对于生活在方言区的少年儿童，教师的示范还起到规范语音、推广普通话的作用。

① 黑格尔 . 美学第一卷［M］. 朱光潜，译 . 北京：北京大学出版社，2017：357.

四、备课与教学设计

（一）教师为什么需要备课

备课是教师根据相应学科课程标准的要求，结合本课程相关特点及学生具体情况，合理安排教学方式方法及课程进度，确保课堂教学有序进行的过程。课程准备充分与否决定了课程讲授的内容能否被学生充分地领会及认知。

部分教师在青少儿语言表达教学中形成了轻备课、重实践的观念，认为仅凭经验便可有效地安排课堂教学，这一认知无疑是落入了经验论的窠臼。备课的过程中教师应熟练掌握教科书的内容，了解其中的组织结构、训练方式、重点难点问题、认知过程和认知结构，在此基础上，还要广泛阅读相关参考文献等。对于青少儿语言表达教学而言，教师要布局每一节课的进度，了解和掌握相关音视频资料、名家示范朗诵阅读等多媒体资源，力争精选素材充实教学内容。同时，教师在示范的基础上，应适当组织学生勤练、精练，对于语言不规范、表达不准确、用语不当等问题，还需要进一步组织分析问题产生的原因，多做总结并找准问题产生的根源以及分析问题是否存在普遍性。

对青少儿语言表达教学而言，适度参加社会活动、舞台和现场展示也是备课过程中的一个重要组成部分。教师应当合理安排进度，将课堂教学与课外活动有机结合起来，强化学生间的交流，丰富学生认知，巩固课堂成果。

（二）教案的构成

教案通常可由摘要、教学过程和总结三个部分组成。

摘要部分包括课题、教学目标、教材分析、课时安排、教学方法和教学手段选择、教学中的重点和难点问题的提出、上课时间分配、教学目标和情境设计等内容。

教学过程包括声音基础练习、稿件情境分析、情感运用分析、文本研究、教师示范、学生朗诵朗读、布置作业等层面。

总结过程包括教师教学后的感想和经验，学生存在问题的记录，对字音、语气、节奏、重音等方面问题的分析，为进一步优化教学积累相关素材。

1. 教学设计原理

教学设计是理论与实践间的桥梁，核心理念是制定优化的教学方案，使整个教学达到优化的教学行为。教师通过教学设计为教学活动的有效实施提供科学合理的进程，从而实现对教学活动基本流程的掌握。良好的教学设计能够有效地调动师生在整个教学过程中的积极性，确保整个教学过程取得良好的教学质量。

在青少儿语言表达教学设计过程中，教师应当分析学生对不同题材的兴趣、语言风格，分析学生不同年龄阶段的发展情况和认知情况、学生语言基本起点水平、学生及家长期待达到的目标等因素。

2. 教学设计过程

青少儿语言表达教学设计应本着“学教并重”的原则进行，除了具备语言学习的一般规律外，还要激发学生自主学习、体会、感知和表达，在这一环节中，让学生产生由内而外、有感而发的言语行为的表达诉求。这其中除了符合言语行为的生成原则外，还应使教师在教学过程中将言语的艺术性表达作为课内重要的教学目标。设计过程一般包括:（1）资源提供——教师提供与学习内容相关的信息资源或教学内容背景，促进学生对内容的认知;（2）情景创设——教师创设有利于学生自主领会口语表达的情景;（3）自主语言表达设计——自主语言表达是引导学生自主处理稿件、达成自我认知的内在因素，核心作用是启迪学生自我学习的积极主动性，提高对文本或稿件的分析能力和自我调节能力;（4）表达设计——通过各种形式的语言表达，如朗诵、对话、演讲、广播剧、情景剧等具体形式，以协作交流、语言的返听、教师的演示与纠偏等方式，进一步强化学生的认知。

3. 教学计划类型

要实现有效的教学，必须制订好相应的教学计划，一般来讲，根据不同的时间跨度，教学计划可以分为学年教学计划、学期教学计划、单元教学计划以及课时教学计划。

学年教学计划是一个学年的总体性教学指导方案，它明确地反映出教师对本年度所施教的内容和学生情况的基本了解及整体规划。

学期教学计划是学年教学计划的阶段性方案，一般来说，青少儿语言表达教学的学期教学计划可以根据全日制学校的教学安排对应分为上下两个学期，或者在暑期另外安排一个小学期，成为三个学期，要根据教学对象的具体情况来制订。

有关单元的意义不同学者有着不同的解释。有美国教育学家认为："教学单元是组织教材教法和教学设备的一种途径，这种途径有利于个别化教学，激发学生的学习动力，制订学习计划以及提高学生学习的责任感，并能够把教学的重点放在认知和情感学习的水平上。"在制订教学计划时，可以把单元视为一个有着完整的学习目标及相对独立内容的知识点，帮助学生在一定的时间段内实现学习目标，掌握相关的知识及能力。

单元的教学计划大致包括以下内容：单元概述、学习对象、学习目标、学习计划、活动指导、单元作业、小结。

课时教学计划可以具体落实为教案。

（三）单元教学计划样例

幼儿一级第一单元口语表达教学计划

单元概述：本单元是幼儿社团类口语表达教学的第一个单元，共计划 6 次课程，分别为性格能力提升课、语言表演塑型课、文学经典诵读课、全脑黄金言值课、社交礼仪口才课、即兴表达口才课。每课 4 个小课时，每课时 30 分钟。

学习对象：4—5 岁初次接触口语教学的小朋友。

学习目标：让学生适应教学方法，对语言表达产生一定兴趣，在性格解放、沟通礼仪、口语表达等方面有初步认识。

学习计划与活动指导如表 3–1 所示。

表 3–1 学习计划与活动指导

单元安排	课时内容	训练主题	训练内容	活动指导
第一课：性格能力提升课	第一课时：言声秘法	吹唇	小嘴巴嘟嘟嘟， 好似摩托爬坡坡。	每一次把气吸满，然后一口气把气全部吹出来，嘴唇自然放松，这时我们的小嘴就像小蜜蜂扇动翅膀一样颤动，发出的声音就像骑摩托。
	第二课时：口耳之学	[ɑ] 音练习	（1）魔法口令：张开嘴巴"啊啊 啊"，肚子圆得像西瓜。 （2）字字珠玑：马 妈 鸭 牙 亚 （3）双字开花：白马 妈妈 鸭子 牙齿 （4）妙语连珠：丫丫去放鸭，鸭子叫嘎嘎。	

续表

单元安排	课时内容	训练主题	训练内容	活动指导
第一课：性格能力提升课	第三课时：登台密训	《自信歌》	昂起头，挺起胸， “自信”二字记心中。 说我行，我就行。 时刻牢记我能行。 我自信，我快乐， 幸福伴我度一生。	我们每一个小朋友都要做一个自信的小朋友，走在路上要昂起头来，挺起胸，把“自信”二字牢记心中，别人能够做到的我们也能做到。要始终在心里默念：“我能行，我最棒。”
	第四课时：性格塑造	让小朋友体会到沟通的重要性，锻炼其身体协调能力和即兴反应能力。	教师发出指令，小朋友们必须按照指令做出相应动作。例如“伸出左手抬右脚”等带有一定难度的指定动作，可以考验小朋友的应变能力。	除了正常思维下的你说我做，还可以延伸出正话反做，也就是教师说坐下，小朋友们就站起来，反方向完成教师的指定动作。
第二课：语言表演塑型课	第一课时：言声秘法	伸舌	我的舌头会魔法， 看我小舌伸出洞。	将舌尖向下伸出，再快速收回。在舌头伸出来的时候，舌尖要用力，将注意力集中在舌尖上。
	第二课时：口耳之学	[o]音练习	（1）魔法口令：一只公鸡o o o，清早喔喔啼。 （2）字字珠玑：窝　卧　墨　沫　坡 （3）双字开花：鸟窝　卧室　墨汁　泡沫　山坡 （4）妙语连珠：张伯伯，李伯伯，小山坡上采蘑菇。李伯伯采了大蘑菇，张伯伯采了小蘑菇。	
	第三课时：登台密训	《手指谣》	食指拇指碰碰，做只小鸡叫叫：叽，叽，叽。 食指中指并拢，做把剪刀玩玩：嚓，嚓，嚓。 五个手指捏紧，做个拳头敲敲：咚，咚，咚。 伸出拇指翘翘，夸你戴上红花：好，好，好。	《手指谣》告诉我们不同指头组合在一起会有什么样的变化。当我们想要学小鸡叫时，就将食指和拇指相碰；想要变出一把剪刀就可以将食指和中指并拢；想要敲门时就紧握拳头；当我们想要夸赞别人时可以伸出我们的拇指，对他说：“你真棒。”
	第四课时：性格塑造	《学动物》	小朋友们说出自己喜欢的两种动物，接着让每个小朋友把自己最喜欢的动物表演出来，模仿动物的姿态、声音等。比如：猴子、猩猩等。 通过对动物的模仿，使学生解放天性，解放四肢，在不用语言的情况下，培养孩子运用眼睛、肢体等进行表达的能力。	老师通过姿态和声音模仿自己喜欢的动物让小朋友进行猜测并进行表演。
略				

单元作业：每次课后安排相应小练习。

小结：略。

（四）普通教案样例

表 3–2　前鼻音与后鼻音区别的教案

本节课题	前鼻音与后鼻音的区别		
教学目标	学生能够辨别前鼻音与后鼻音； 学生明白前后鼻音区别的原理； 学生能够在口语中修正自己的前后鼻音问题。		
课型	新授课	课时	韵母部分第三课时
教学重点	本课所需解决的关键性问题： 本课程需要以配合为主，通过形态化的感知性教学使学生掌握前后鼻韵母位置的区别。 联系其他单韵母，将前后鼻韵母置入整个声韵学习体系，将前鼻韵母 n 和后鼻韵母 ng 与其他韵母的连接组合清晰讲解。 从文本和语音两个方面集中解决学生前后鼻音无法识别的问题、前后鼻音发音不准确的问题。		
教学难点	对前后鼻音发音准确位置的理解和掌握问题。主要体现为理论上的难点：发 n 时，舌尖前伸并抬高，抵住上齿龈，阻碍住从口腔出来的气流。声带振动时，前鼻音 n 的音响是靠前的；发 ng 时，用舌根顶住口腔上方的软腭，让气流从鼻腔流出，同时声带颤动，发出鼻音。练习时，舌根不要离开软腭，可让声音延长下去，在仔细揣摩舌头运动方向之后，再练习合音。 通过个体化教学消除学生在前后鼻音发音中方音色彩过强的问题。		
教学过程	（1）导入 温故导入法：由单韵母引入，进入鼻韵母教学环节。 由“韵母小小班”的概念引入，将 ɑo、ei、u、ü 与 n、ng 的黏结看作两个小朋友拥抱。 （2）讲授新课 通过儿歌介绍前后鼻韵母的发音要领； 带领学生体验式地感受前后鼻音的区别。 对鼻子的感受——认识鼻音的前与后； 对口腔中舌头的感受——认识鼻音发音时舌位的区别。 利用卡通图片单个讲解前后鼻韵母，示范练习。 （3）巩固练习 对应词组猜词游戏：由老师指定词组中的一个，面对黑板的同学猜，背对黑板的同学读。全部猜对意思即为过关。 欢 慌；花仙 花香；机关 激光；神 绳；沉 城；终身 终生；陈旧 成就； 临时 零食；民心 明星；金银 经营；轮子 笼子；熏 凶；裙 穷；人群 人穷 （4）归纳小结 总结该课发声技术要领和知识点。 （5）作业安排 分配练习题目。（略）		

学习活动

一、思考练习题

1. 教学大纲对于教学活动的作用是什么?

2. 在青少儿语言表达教学活动实践中，针对不同年龄段、不同表达能力的学生应该如何更好地制定教学计划?

3. 根据教学法制订教学计划的方式有很多，你在制订教学计划过程中倾向于哪些？为什么?

二、实践练习题

根据你选用的教学法，设计并制订一堂青少儿语言表达教学课程的教学计划，并完成教案。

三、拓展阅读

1. 阿德勒 . 儿童教育心理学［M］. 张倩倩，译 . 长沙：湖南文艺出版社，2021.

2. 伍德 . 基于问题导向的互动式、启发式与探究式课堂教学法［M］. 刘卓，耿长昊译 . 北京：中国青年出版社，2019.

第四章 青少儿语言表达的课堂教学方法

☞ **本章学习目标**

1. 理解青少儿语言表达课堂教学的组织。
2. 掌握青少儿语言表达课堂的教学流程与方法。
3. 了解课堂教学中突发状况的处理。

课堂教学方法涉及专业教师以怎样的方式完成授课，在整个教学中尤为重要。课堂教学是一名教师自身性格和职业使命的高度统一，不同的教师上课，呈现的课堂教学风格必然是不一样的。为了引起学生对教学内容的关注，激发学生的学习兴趣，调动学生的主体参与意识，我们常常需要给学生营造出一种特定的教学语境，这种教学语境的产生是与教学内容密切结合的。本章通过对教学方法的总结梳理，明确总的方法与具体方法，帮助教师建立有效的教学方法框架。

第一节 青少儿语言表达课堂教学的组织

所谓课堂教学，是指教师基于明确的教学目的，在课堂上以语言表达、文字、图表、教具、演示文稿等多媒体教育资源为媒介，通过讲述、板书、演示、提问、小组讨论、学生课堂展示等方式，以知识启发学生，以逻辑训练学生，以人格情感感染学生，使学生掌握教学内容，接受人格熏陶并产生联想、想象与创造的一种能力。简单来讲，课堂教学就是教师基于明确的教学目的，以多种教学手段为媒介，采用丰富多彩而又恰到好处的教育手段进行传承的过程。

一、青少儿语言表达课堂教学的组织特色

青少儿语言表达教学，不只是单纯的知识传授，更重要的是使青少儿通过学习，获得在大庭广众之中得体大方地进行语言表达的能力。语言表达教学有其独特的课堂教学组织形式，经过中国传媒大学、陕西师范大学、上海戏剧学院、浙江传媒学院等高校播音与主持艺术专业教师们多年的教学摸索，高校积累了不少适合提升大学生语言表达能力的课堂教学组织形式，如“大课＋小课”“理论讲授＋实践练习”“强化在媒体一线实践操作的能力”等。本研究团队以此为课堂组织原型，经过长期的一线教学实践检验，根据语言学习的特性以及青少儿学习心理和语言习得规律，总结出适应于青少儿的“基础课＋专业课”“常规教学课＋专业实践课”等教学模式，从不同层面提高青少儿语言表达的综合能力。

相较于其他课程而言，语言表达教学具有其较强的个性特点。

其一，语言表达教学强调参与教学的师生处于同一语境，实现面对面的近距离交流教学。同一语境不仅指教师和学生同处在一个物理空间内（如教室），也包括慕课、网课等课程形式运用网络、摄像头、话筒等构成的模拟形态同一物理空间，其核心是使教学者和学习者处在同一语境之中。任何将教与学同一语境割裂的行为，最终都将导致语言表达教学失去应有的效果。

其二，语言表达教学不同于传统的文化课课堂，它的教学内容和教学形式不局限于文字和口头语言，还包括教学者的表情、服饰、肢体动作、语气等，甚至还包括教师与学生、学生与学生、单个学生与群体学生之间的语言交流和教学互动。

其三，语言表达教学在学生掌握了基本原理和基本方法后，侧重于师生之间、生生之间的反复练习，这种练习越能还原真实场景下的交流和表达，训练效果越好。

（一）语言表达学习的特殊性

语言的学习是一个复杂的过程，不只是简单的“教授—知道—懂得”过程。在进行青少儿语言表达学习时，学习者除了掌握基础的理论知识外，更关键的是能够根据不同的场合和语境，展示自如得体的口语表达能力。衡量语言表达课程教学质量的优劣，不以笔试试卷的卷面成绩作为标准，而是强调学习者在重视、掌握、通达理论知识的前提下，经过教师的正确指导，开展大量且反复的机械练习，最终达到当众流畅表达的要求。

（二）常规教学课的基础指引

在这一教学过程中，教师以口部操、呼吸训练、普通话正音、声调训练、语言内容的组织与表达、语言相关拓展能力等方面作为教学的重要内容，教师以学生学习为教学活动组织的中心，按照课程体系的规划进行授课。在此教学过程中，语言表达的理论至关重要，它是前辈学者和业界专家通过多年实践、思考、探索的经验总结和升华，是语言表达教学中的根基和灵魂。只有在正确的青少儿语言表达理论的指导下，学生方可反复大量地进行专业练习。如果不明确专业的学习方向，不懂得专业发展的基本理论，没有正确的专业理论总结作为指导，即便学习者非常勤奋刻苦地学习，方向错误，必然也会南辕北辙，越勤奋刻苦，离你所想要达到的目标就越远。

从事青少儿语言表达教学的教师应该重视理论的学习和总结，在教学时不可人云亦云，也不可照本宣科。所有的教学内容应当经过教师反复地学习、思考，并结合当下最受认可的表达样态加以检验。磨刀不误砍柴工，明白了理论知识，教学者才能够更好地把握青少儿专业学习的方向。

在面对感性认识大于理性理解的青少儿时，教学者应避免将播音主持、语言表达传播、应用语言学等学科的知识照搬照抄。优秀的教师必然会将前人的理论知识融会贯通，以直白易懂的语言、富有趣味的表达方式教授给学生。

因为语言学习具有一定的模糊性，所以教师不要以为通过简单讲述就能让学生掌握全部教学内容。例如，在讲到发声技巧时，授课教师往往无法用语言准确地描述舌位、气沉丹田、声音靠前等专业术语。如果只是简单地告诉学生们，在表达时要做到气沉丹田、情声气结合来进行声音的表达，学生就无法掌握该知识点和运用技巧。经验丰富的教师在讲授该问题时，会借助丰富的肢体语言帮助青少儿准确找到气息位置。教师可以用手握拳，顶住孩子的丹田位置（如是异性学生，教师可以借助矿泉水瓶或者其他物体，顶住孩子的丹田位置）。通过让学生深吸气，使之感受到丹田的位置，进而了解气沉丹田的具体做法。在面对低幼年级的学生时，不必讲授过于抽象的理论知识，但在具体指导时，教师应努力指导学生掌握正确的呼吸方法。

总之，常规教学课的基础指引目的在于，通过口部操、呼吸训练、普通话正音、声调训练等基础板块让学生打下良好的发音发声基础；通过语言专业内容板块让学生积累表演素材；通过语言相关拓展板块让学生完成站姿、坐姿、走姿及相关知识内容的储备。

（三）专业实践课的具体指导

专业实践课注重的是专业技能的指导，或者针对考级、比赛、展演等活动的具体指导。对于学习语言表达的青少年学生而言，专业实践课的具体指导非常重要。不同的学生固然会呈现出相当部分的共性问题，但通过多年的教学观察，学生因为性格与兴趣不同、成长环境不同、阅读内容不同、习惯性表达不同等因素，最终会出现五花八门的错误语言表达样态，甚至出现一个学生一个错误的现象。这就需要专业教师认真细致地分析学生问题产生的原因，结合不同活动的需求，思考学生错误的关键在什么地方，进而结合理论，基于学生的基础采取行之有效的方法开展指导。

从事青少儿语言表达教学的教师应有牢固扎实的理论知识、优秀的辨音能力以及丰富的教学指导经验，能够快速准确地定位学生的错误，明确学生的学习困难，进而提出行之有效的解决方案，指导学生克服学习困难。

总之，在专业实践课，教师通过明确对不同场景的语言表达需求，具体教授和指导学生出镜主持、报道、采访等专业技能。教师通过对于专项语言表达内容的分析，训练学生的参赛技巧；通过“实例分析—专业示范—问题纠正”，传授学生面试及考级专业能力。

（四）树立正确的学生观

教师应当树立正确的学生观。学生正处在成长过程中，出现错误或不完善的情况非常正常。学生表现出的错误表达形式，是通过自身多年的反复实践形成的不良习惯造成的，教师不要奢望用一两次课，就能改变学生形成已久的错误习惯。在教学中，教师要准确把握学生错误习惯产生的关键点，一针见血地找到问题所在，提供给学生达成正确目标的方法，激励学生在日常的语言表达中不断强化使用正确的表达方式，最终使青少儿形成正确的语言表达习惯。习惯的形成不是一蹴而就的，甚至很多学生在结束了青少儿口才学习课程多年后，才有显著改善。因此，语言的学习充满着挑战，教师不要总认为自己是要教给学生什么内容，而是要改变自己的教学观念——变教为导、变师为伴。在学生学习的过程中，教师应当是学生的陪伴者，不断鼓励学生进行试错，引导他们培养口语表达能力。

在青少儿语言表达的教学过程中，教师一定要注意维持学生对语言表达的积极性。教师指出学生语言表达中存在的问题，是为了帮助学生进步和提高，而不是为了打击学生的学习热情。在教学实践中部分教师不能很好地控制教学情绪，会出现口不择言、怒斥甚至辱骂学生的现象，这些都是教师在教学时一定要避免的错误。

教师在进行语言表达教学的过程中，除了完成教学任务外，还要随时观察青少儿的学习习惯和语言表达能力等情况的变化。优秀的教师总是能让不同的学生在自己的课堂上有所收获并且快乐地学习。只有心中装着学生的老师、时刻关注学生的老师、鼓励学生的老师，才能够真正获得学生的喜爱和家长的认可。“亲其师，信其道”，受到学生欢迎的老师，最终才能较好地帮助青少儿克服恐惧，培养良好的语言表达能力。

二、青少儿语言表达课堂教学组织原则

课堂教学是教师自身性格和职业使命的高度统一。不同的教师上课，呈现的课堂教学风格必然是不一样的。有的教师上课时温文尔雅，引经据典，颇有文人风骨的味道；有的教师教学时慷慨激昂，如同演说家一般，激情四射，高潮迭起，引人入胜；还有的教师讲课时妙语连珠，幽默风趣，善于用形象生动的语言抽丝剥茧般解析抽象复杂的问题，整节课行云流水，浑然天成……课堂教学，是教师教学智慧和教学经验的集中体现。没有绝对好或者绝对不好的课堂教学组织形式。衡量授课方式优秀与否的标准，应该是学生对所学内容的掌握情况。

（一）遵循“两性一度”标准

对于当代的课堂教学，教育部提出了“两性一度”标准，即高阶性、创新性和挑战度。所谓“高阶性”，就是要实现知识、能力、素质的有机融合，要培养学生解决复杂问题的综合能力和高级思维；所谓“创新性”，是课程内容要反映社会的前沿性和时代性，教学形式呈现先进性和互动性，学习结果具有探究性和个性；所谓“挑战度”，是指课程要有一定难度，需要跳一跳才能够得着。“两性一度”标准对老师备课和学生学习有较高要求。这一标准尽管是面对本科生教育提出来的，但也可以贯穿在青少儿语言表达教学的全过程中，作为教学组织的重要参考。教师想要更好地进行青少儿语言表达课堂教学，从走上讲台之前的认真备课，到课堂上的专业教学，再到课后的专业点评缺一不可。在这一过程中，教师应该清晰地了解学生的学习状况，并及时反馈。

（二）准确把握学生学情

在教学中，教师们经常遇到一个关键词——学情分析。学情分析，分析的是学生的学习情况。从微观角度看，学情分析包括学生的个人情况、性格特征、已有的受教育基础、学生的学习习惯等一系列内容。从宏观角度看，学情分析就是要了解、接受教育者。任何的一种教学行为的产生，都必须从接受教育者的已有基础作为设计起点。

没有清晰掌握学生情况做出的教学设计，往往只是出自教师的随心所欲、一厢情愿的想法，这种教学设计禁不住实践的推敲，一旦教师走上讲台开始组织教学，就会发现因为准备不足而无法驾驭课堂——要么是过低地估计了学生的学习程度，上课所使用的语言、事例、表达逻辑都过于简单，无法吸引学生对教学内容的关注，进而必然导致学生缺乏学习热情；要么是过高地估计了学生的学习程度，课前所设计的课堂提问、教学内容，都超出了学生的学习基础，导致教师在授课时，学生因为听不懂无法参与课堂教学活动。因此，教师在开始教学时，特别是刚刚走上工作岗位的年轻教师，要认识到清晰明确地了解学生的重要性。

（三）掌握学生心理特征

了解学生的心理特征，是教学中的重要方面。青少儿的心理特征包括感知、注意、记忆、想象等不同内容。不同年龄段的少年儿童，其心理特点又呈现不同的发展势态。

青少儿时期的孩子对于社会的认识还处于一个初级阶段，不会主动获取信息也存在着很多错误的认识。这一时期孩子的情绪波动大，易受他人影响，焦虑状态也会随时发生。青少儿的自我意识在不断发展，自我评价的能力也不断增长，需要成年人有针对性地进行疏导、教育、指正。随着年龄和见识的增长（相对于学龄前儿童而言），他们已不再完全依靠教师的评价来评估自己，而是能够把自己与别人的行为加以对照，独立地做出评价。青少儿在语言表达教学过程中会感到压力的存在，这些压力导致许多青少儿感到焦躁、压抑、自卑，甚至会出现一系列不良后果。因此，教师在授课时应随时注意青少儿的各项课堂表现。

第二节　青少儿语言表达课堂的常规教学方法

一、教师的自我介绍与形象设计

从心理学角度来分析，教师给予学生和家长的第一印象很关键。第一印象决定着学生是否信赖和喜爱教师，家长能否认同和肯定教师的教学能力。教师的自我介绍以及形象设计至关重要，它决定着家长是否给孩子付款报班，也决定着学生是否接受和喜爱授课教师。精心准备的自我介绍和良好的教师形象设计，必然能为这种教学关系的开展奠定良好的基础。因此，无论是教坛新秀还是资深教师，都应该重视与学生的首次见面。

教师的自我介绍应该说些什么？很多老师常常做的一件事情，就是介绍自己的姓名，这样能让孩子第一时间知道老师的信息，但这种介绍方式的信息量往往有限，甚至是冷冰冰的。如何进行课堂自我介绍呢？教师们可以根据以下几点来设计。

（一）介绍个人情况

教师在自我介绍时，可以简单地介绍姓名、籍贯、毕业学校、兴趣、从事青少儿语言表达教学的经验。

有的老师在介绍姓名的时候，将姓名编成了一个谜语，在孩子猜谜过程中，增加了介绍的趣味性，同时也让孩子能够深刻地记住教师。

（二）介绍课程内容

教学工作毕竟不等同于去游乐园或者逛商场。教学可以很轻松，但教学也要有一定的纪律约束。介绍课程的内容，目的是提升学生们的兴趣。青少儿语言表达的课程大多数教学内容与孩子们的生活阅历息息相关，但很多名词孩子们未必能理解。比如，给孩子讲“配音”，不如讲“让我们一起成为动画片里的那个说话的人”；比如，给孩子们讲“朗诵”，不如讲“让我们一起去体会文字作者的情感”。随着学生年龄增长，教师可以适当在教学中增加一些专有名词和学术术语，但不宜过分地强调理论的灌输，更重要的是让孩子在体验中、在游戏中、在沉浸中体会语言的魅力。因此，教学中的一个重要理念就是让孩子试错，让孩子敢于讲、愿意讲、能够讲，这样才能够讲得好、讲得妙、讲得得体。

（三）给予孩子鼓励和认同

一个孩子刚刚来到崭新的学习环境，可能会带有紧张、好奇、恐惧等复杂情绪。如何在最短的时间内，拉近与学生之间的距离呢？教师在做自我介绍的时候要考虑谁在听，以及他想听什么，并让孩子快速地熟悉上课场所，主动介绍教室的设备与空间等，比如投影仪和电脑、饮水机和卫生间的位置……如果时间允许，还可以带着学生系统地参观上课的场地。教师也需要提醒学生们上课时应注意的细节，比如教室里容易磕碰的角落、挂在墙边的电线、上下讲台的台阶等。对于在教室里比较活泼的孩子，教师可以让他和自己进行互动，在互动的同时进行自我介绍。对于比较内向的孩子，老师可以走到他的身旁，采取坐姿或者蹲姿，与孩子近距离面对面地进行沟通，如果课时允许，还要鼓励这部分孩子在课堂提问题，做自我介绍，使之积极参与课堂教学活动。

拉近师生关系有一个小技巧，就是授课教师积极了解孩子们喜爱看的动画片以及热衷讨论的游戏话题。电视台青少儿节目在选拔节目组工作人员时，经常提一个问题："你知道现在孩子们最爱看的动画片是什么吗？"要想成为一名优秀的青少儿语言表达教师，首先应该关心孩子们关心的事情，甚至带有一些孩子气，自己就是大孩子，能够带着孩子玩、带着孩子成长。青少儿语言表达课，并非只是教师教给学生说话的技巧，而是给予孩子们展示自我、表达自我以及倾听内心的空间。当教师真正能够静下心来去观察孩子的时候，会发现那种童真带给人的是一种无限的美好。教师应当鼓励孩子们保留这种童真，锻炼孩子们看世界的能力，而不要千篇一律、老生常谈地将孩子们变成成人，老气横秋地说着与自己年龄阅历不相符的话。

曾经有这样一个案例：在一次语文教学考试当中，教师出了一道填空题问学生们"雪融化了以后是什么"，一个孩子的回答是"雪融化了以后是春天"。而教师将这样充满想象力、语言活力的答案判定为错误，因为正确答案是"雪融化了以后是水"。这样僵化的语言答案，忽略了孩子的灵动性和创造性，扼杀的是孩子的想象力，更严重的会使学生们在面对语言表达时产生一种束手无策的感觉，进而厌恶对语言文字的学习。

（四）教师的形象设计

教师可以根据自己的课程内容，以及自身的性格选择合适的服装。这里谈到的合适，是指不穿着奇装异服。教师的审美情趣也直接影响着孩子们的审美需求，相对于其他理论课程的严肃性，青少儿语言表达课程具有其自身的活泼性，教师可以选择便于肢体动作阐释的宽松服装，面对学龄前儿童和小学低年级儿童的时候，也可选择印有卡通人物的服装。幼儿园教师在授课时的服装选择是值得借鉴的，不少幼儿园教师在工作时，穿的是背带裤或者是运动裤，衣服宽松，便于开展各种教学活动。

如果学生处于小学高年级以上的年龄段，教师则可以穿着更为得体的西装或职业套装。也有一些女性教师选择穿着旗袍等中式服装，在诵读中华经典方面的作品时，这样的穿着对于古代经典的阐释无疑是锦上添花的。不少学生表示，通过观察教师服饰的古典美，进而更加热爱中华优秀传统文化。选择服装的前提是符合教学工作的需求。在教学中，不主张教师穿着过于紧身、前卫、时尚，以及领口过大、过低的服装。

男性教师应不留长发，面部无多余发须，不戴项链、手链、戒指等首饰，衣着大方得体，勤洗澡，身上无异味，不穿紧身衣。

女性教师上课时可化淡妆，头发不染过于鲜艳的颜色，长发可选择扎成马尾或者盘起来，不喷洒气味浓烈的香水，符合教师形象要求。

二、课堂导入法

课堂导入，是指一节课正式开始前，教师通过多种方式，将学生的注意力快速集中到教学内容上来。导入语是指教师在开始本节课的教学之前，为了引起学生对教学内容的关注，激发学生的学习兴趣，调动学生的主体参与意识，明确本节课教学重点难点的一种教学语言。导入语常常给学生营造一种特定的教学语境，这种教学语境的产生是与教学内容密切结合的。也就是说，教师通过使用导入语，使师生原本脱离的生活语境，迅速弥合成同一语境下的教与学的关系，进而达到师生的同频共振，从而完成教学目的。

课堂导入的方式有很多，比如讲故事、做实验、看图片、学生上台展示、分析新闻等。

教师在设计课堂导入时应注意以下两点。

（一）课堂导入占用课堂时间不宜过长

导入的目的是快速将学生的注意力引入本节课的教学主题，教师没有必要在这部分占用过多时间，导入的内容不要发散，不用阐释细节。在实际的教学中，有些教师课前查阅整理了大量相关资料，把课堂导入部分设计得非常充分，在正式授课时忽略了对教学时间的掌控，舍不得放弃精心整理的导入部分资料，一节 40 分钟的课居然花了 25 分钟进行课程导入，而真正用于讲述核心问题的教学，只花了不到 15 分钟时间。这种头重脚轻的课堂设计本末倒置，极大地影响了学生的学习兴趣。只重视导入，而忽略了本节课应该完成的学习重点，这样的一节课肯定是失败的。

（二）精心设计课堂导入的切入点

部分教师忽视课堂导入的作用，走上讲台，不管学生注意力是否集中，打开书本便开始讲课，当学生反应过来时，教师已经讲过几个知识点了。

有些教师在导课部分选取的内容无法吸引学生的注意力，所用的案例陈旧落后，不符合学生们的兴趣点，这种导课必然是失败的。优秀的导课环节，必定是教师经过反复推敲之后所产生的。即便是同样的课程内容，在面对不同的班级、时节时，优秀的老师也会调整导入的方式、方法和内容。

作为青少儿语言表达的课堂导入部分。授课教师可以尝试从以下几个方面来着手设计。

第一，紧贴学生的生活实际。教师平时要主动观察学生的兴趣点，比如学生喜爱的书籍、电视节目、动画片、电影、游戏等，教师可以采取编故事的形式，有针对性地设计导入内容。

第二，教师要充分了解和掌握本节课所要教授课程的重点，结合当前的时代特点，对导课部分的内容进行再设计和再调整。

第三，关注媒体和网络，可以将爱国主义以及“四史”的学习融入导课环节。

课程案例

师：同学们，老师最近爱上了一首歌曲，你们想知道是什么歌曲吗？

生（异口同声）：想！

师（播放歌曲）：请猜猜这首歌的名字。

（学生听歌曲，小声议论）

生（异口同声）：《吉祥三宝》！

师：对，你们感悟到其中的情感了吗？你们在歌曲里听到了什么，又想到了什么呢？

生 1：他们一家真温馨，爸爸像太阳照着妈妈，妈妈像绿叶托着红花，宝贝是正在萌芽的种子。

生 2：他们一家很快乐，爸爸妈妈总是为宝贝遮风挡雨，他们给宝贝带来无限的快乐。

生 3：我想到了我们温暖的家。尽管爸爸妈妈总爱唠叨我，可是那是对我的爱。爸爸妈妈努力工作，为的就是给我最好的爱。我爱我的爸爸妈妈。

……

师：同学们的感受很深。世界上总有这么一个地方，在疾风迅雨时给我们庇护，在心灵疲惫时给我们温暖，在孤单寂寞时给我们拥抱，这就是家。家，是浓浓的爱语；家，是絮絮的唠叨；家，是歇脚的驿站；家，是温馨的港湾。无论世事如何变化，家永远是一个亘古不变的话题。这节课，就请同学们敞开心扉，让我们一起聊聊关于"家"这一话题（板书：我爱我家）。①

三、情境创设法

教学情境，对于语言类教学来讲至关重要。当学生置身于一种具体的情境当中时，这种表达和交流才是真实有效的。因此，在进行青少儿语言表达培训教学的过程中，教师应当学会使用所有的教学手段，来营造相对真实的语言环境、教学环境。只有处于相对真实的情境之中，学生的交流感和表达能力才能够真正提高和展现出来。因此，教师营造情境的手段和构思，直接影响着教学效果的达成。

情境的创设可以运用音乐、视频、图片等来展开。我们提倡将较新的虚拟现实（VR）技术也引入青少儿语言表达教学的情境创设。

课程案例

师：今天，老师要赋予我们每位小朋友一个超能力。

生 1：是什么？

生 2：什么超能力？

师：我要让每个小朋友都会飞！（搭配动作）

生：哇！（大家这个时候会很兴奋）

① 王林发．语文口语交际教学设计方案 40 例［M］．北京：中国轻工业出版社，2012：6.

师：那我们飞起来干吗呢？

生1：飞到天上。

生2：找小鸟。

师：那好！现在我们每个人都闭上眼睛（这个时候教师要展示蓝天的图片）想象一下自己就飞起来啦！快！摸摸白云软不软！（语气夸张）

生：软！（异口同声）

师：呀！快看右边是什么？

生：小鸟、飞机、气球……（大家会给出不同答案）

师：哇！原来天空中有这么多东西呀！那大家现在慢慢地睁开眼睛，看看这儿的天。（教师手指向蓝天图片）

师：我们看到这张图片中有很美的蓝天、很软的白云，那么今天老师要教大家的三个词语分别是：蓝天、天空、空中，（边说边播放演示文稿至词语页）大家现在跟老师一起读“蓝天”。

生：蓝天。

师：天空。

生：天空。

师：空中。

生：空中。

四、课程讲授法

课程的讲授语，是教师在课堂教学中，根据所教学科的特点，在充分把握教学内容的科学性和思想性、准确分析学情的前提下，运用青少儿语言表达技巧，向学生传授知识、培养核心素养，并训练其技能和技巧的过程。传统意义的老师授课，用得最多的、最普遍的就是讲授语。

那么，是不是自己懂了就能教会别人呢？这种观点显然是错误的。俗话说的“茶壶煮饺子，心里有数倒（道）不出来”就是这个道理。讲授者即使具有很丰富的专业知识储备，如果没有经过专业训练和精心备课，也会手足无措，不知该从哪里讲起。

讲授语主要以解释性语言、阐发性语言、描述性语言、推理性语言等为主要组成部分。

（一）解释性语言

解释性语言实际上是一种语言转换，将学生不容易理解的、过于抽象的、过于学理性的教学内容，向便于学生理解的语言进行转换；将教材的书面语向教案的口头语进行转换；对教材内容进行增、删、改，精心选择教学中所举的事例，使得教学语言简洁而生动。

例如，教师在讲解相关定义时，文字对定义的描述是精练而准确的，但这种概念式语言，往往会脱离学生的学习基础和社会经验，无法理解。有一部分善于听课的学生，总能把握住教师在讲授概念时的一个常用词——“也就是”，前者是抽象的概念定义，后者是生动具体的解释说明。这种转换使得定义语言转换为与生活用语较为接近的语言，容易被学生理解和接受。

（二）阐发性语言

由于受到篇幅限制，教材没有把概念形成的全过程、定理的证明思路、文学作品的时代背景等内容融入其中。在教材中，也许只有寥寥几笔的推理，却需要教师结合教学目标，全面而详细地阐释结论得出的过程，帮助学生多角度理解本章的教学难点和重点。

（三）描述性语言

教师需要尽量准确地还原知识点，描述不准确会影响学生对知识的正确理解，甚至会导致学生出现张冠李戴的现象。

（四）推理性语言

此类语言的核心在于逻辑性强，阐明因果关系，层次分明，条理清楚。其标准形式就是三段论的逻辑推理形式。

在新课程要求下，讲授语仍然具有强大的生命力。强调中小学开展教学的“课堂革命”，并不是否认讲授语在课堂教学中的重要作用。我们主张，所有教学行为的展开，目的都是便于学生学习。换言之，学习是整个教学过程的中心，教师应该把握讲的分寸，即何时讲、讲多少、怎么讲。教师应做到“三讲三不讲”：要讲的是易错的知识点、易混淆的知识点、易遗漏的知识点；不讲的则是学生已经会的、学生自己能做的、超纲的和学生学不会的。

教师在表达讲授语时，要善于使用通俗的语言和生动的比喻，使原本抽象的课堂变得趣味十足，这样才能给学生留下深刻的印象。

课程案例

师：读得真好！这段话除了写雨来的表现，还写了什么呢？

生：还写了声音。有拉枪栓的“咔啦”声，有子弹的“嗖嗖”声。

师：（板书：咔咔、嗖嗖）这些词，唰唰、唧唧、咔啦、嗖嗖，有一个共同的名字，叫——

生：象声词。

师：对，象声词，顾名思义，就是模拟生活中、自然中的声音的词。（板书：象声词）在这两段话中，作者不但写了自己看到的，而且把自己听到的声音用象声词写下来，这样写就叫什么呢？

生：有声有色。

师：（板书：有声有色）说得好！这样写就叫作“有声有色”。这样写，就使读者有身临其境的感觉，仿佛看到那个景物，仿佛听到了各种声音。如果我们在作文中不仅写看到的，而且恰当地写自己听到的各种声音，那么你的作文也就有声有色了。

大自然中、生活中充满各种美妙的声音，大自然中有风声、雨声、雷声、鸟叫声，大马路上有各种车辆行驶的声音、鸣笛声，街道上有各种各样的说话声。到了夜晚，万籁俱寂，如果有心事，睡不着觉，你还可能听到爸爸的打鼾声。谁来学一学爸爸的打鼾声?

（学生学打鼾）

师：不像，太小。

（学生再学，很像，众人大笑。老师连找了几个人学爸爸打鼾，课堂上笑声一片）

师：好，夜深人静，可以听到打呼噜的声音。现在上课很安静，如果突然不小心把文具盒碰到地上，会发出什么声音？“哗啦”，说不定还把你吓一跳呢。你在生活中还听过什么声音?

生：我听到过鸟叫声。

师：学一学。

（学生学鸟叫，众笑）

师：还有听到别的声音的吗?

（学生分别学小猫叫、老虎叫等）

师：有听到小狗叫的吗？

（许多学生学小狗叫，老师请了两位学得最像的学生到讲桌前）

师：请你们二人学一学狗咬架，怎么样？

（学生笑，跃跃欲试）

师：君子动口不动手，光叫，不许动手——不对，是不许动爪，不准张牙舞爪扑向对方。

（二人怒目相视，互相吼叫。众大笑）

师：（举起二人的手）我宣布二位不分胜负，并列第一！

师：我们的确生活在有声有色的世界里。因此，我们要善于看、善于听。下面，咱们忙中偷闲，于老师带你们到一个公园去逛逛，放松放松心情，好不好？记住：一定要带着眼睛和耳朵啊。①

五、课堂提问法

提问，是教师在教学活动中最常见的一种语言表达样态。提问能激发学生参与学习的热情，检验学生的学习成果，拉近教师与学生之间的心理距离。提问更是将理论的课堂教学与实际的社会生活生产密切联系，将书本上静态的、理论化的知识转换成能够在社会运用的能力和素养。提问既是教师整个业务功底和全部教学经验的公开亮相，又是教师对千差万别的学情的驾驭。

提问又是不简单的。一方面，教师在课堂上的提问如果设计得过于简单，学生只是做"是与不是""对与不对"的回答，并不能在根本上吸引学生参与教学活动。同样，在面对简单的提问结果时，教师也无法了解学生的学习效果。另一方面，如果问题设计得过于复杂，学生在课堂上就容易产生畏难情绪，导致教师提出的问题无人回答。有一个有意思的现象，在教师提问之前，教室里原本还是和谐积极的课堂氛围，学生们眉飞色舞地坐在座位上，当提问之后，教室气氛会迅速变冷，教师在找回答对象时，会发现学生们纷纷低下头去，唯恐教师叫到自己回答问题。

（一）真提问、真思考，切莫将提问变成口头禅

某教师在授课时常常喜欢将一句"是不是"挂在嘴边。这种口头禅看上去似乎增

① 于永正．于永正课堂教学实录 2：口语交际与习作教学卷［M］．北京：教育科学出版社，2014：80-81.

加了与学生的交流，但因为并不是真正的提问，不仅没有起到师生互动的效果，反而引起了学生对教师口头禅的过分关注。在教学过程中，教师虽然只是用陈述的语气表达教学内容，并没有提问，但因在句尾习惯性加上“是不是”，总是引得一些学生在课堂上随意插话，这极大地影响了教师的教学情绪以及正常的课堂秩序。

（二）根据学生的认知特点，有针对性地提问

紧密结合课程内容，根据学生的生理、心理特点展开提问。

（三）根据教学内容设计提问，鼓励学生探索实践

一位教师讲《中国石拱桥》，一开始挂出了赵州桥的彩色挂图，并提出了一个问题：“同学们看了这幅图，已经猜到了这节课要学习说明文《中国石拱桥》，不过请大家暂时不要打开课本，我们先来比一比谁的说明能力强？说明说明，必须说得让人明白。比如这座赵州桥外形并不复杂，桥身上总共有 1 个大拱和 4 个小拱，谁能用最简单的话把他们的位置关系说明白？你们说，我按照你们说的意思在黑板上画，看是不是跟挂图上的桥形一个模样。”学生回答：“大拱的两边各有两个小拱”“大拱之上有 4 个小拱”“大拱的顶部左右两边有两个小拱”“在大拱两端依次向内的桥身上”……同学们越说越糊涂，黑板上相继出现各种各样的怪图形。后来学生们翻开书一看，“大拱的两肩上各有两个小拱”。如此简单！大家纷纷赞叹“肩”字用得太妙了。这一问题扣住了说明文的学习要求，既包含知识内容，又着力培养学生独立思考的习惯和语言运用能力。

六、成果评价法

传统教学理念认为，评价语是教师对学生参与教学质量优劣的评价，包括对学生在课堂上回答教师提问、当众进行课堂展示、完成口头或书面作业等方面情况的优劣给予及时的评价，是学生检验自我学习成效的一个重要标准。评价语不仅出现在课堂上，有时课下学生追着问老师问题，也会获得教师的评价。

需要指出的是，尽管老师会给予学生评价性语言，仍然要看到老师不是知识的垄断者，也不是学生学习的唯一评价者。评价的目的是帮助学生更加准确地掌握所学知识内容，而不是人为地将学生化为三六九等。

在课堂里，评价语也不仅仅是由老师一人发出的，所有参与课堂教学活动的教师

（包括非授课教师）、学生（特指非直接回答教师提问的学生）、通过网络观看教学的网友等，都能给予回答教师提问或者当堂展示的学生评价性语言。

于漪老师有次在教授《宇宙里有些什么》这篇课文时，一个学生竟对课文中“宇宙里有几千万万颗星星”一句话提出了疑问：“老师，万万等于多少？”这时，大家都笑起来了，有个学生说：“万万不等于亿吗？”在大家的笑声中，提问题的学生灰溜溜地坐下来了。于老师觉得他的积极性受到了打击，于是她问：“既然万万等于亿，这里为什么不说‘宇宙里有几千亿颗星星’，而却说‘宇宙里有几千万万颗星星’呢？”这一问，学生都说不出话来。过了一会儿，一个学生站起来说：“不用‘亿’而用‘万万’有两个好处。第一，用‘万万’听起来响亮，‘亿’却听不清楚；第二，‘万万’好像比‘亿’多。”这时学生们又笑了。其实这个学生的回答是正确的，于老师当即给予肯定，并表扬说：“你实际上发现了汉语中的一个规律：字的重叠可以产生两个效果，一是听得清楚，二是强调数量多。”这时，学生们都用钦佩的眼光看着那个同学，而于老师却说：“大家可以想一想，我们今天学到的这个新知识，是谁给我们的呢？”大家又将目光集中到第一个提出问题的同学身上。这个同学也十分高兴，再也没有了一丝一毫黯然的神情。在这一教学过程中，于老师在学生的笑声中注重保护学生的积极性、自尊心，很自然地引导学生开展讨论，亲切鼓励，热情表扬，收到了很好的教学效果。

对学生回答的评价，有些教师一“好”到底。也有些教师将严厉的批评挂在嘴边，如“你想到哪里去了？”“这就是你成绩不好的原因！”“管住你的耳朵、嘴巴！”等。袁微子老师在《在仙台》一课的教学中，对学生回答问题的随机评价的用语有：（1）啊，讲得好！（2）对极了！（3）回答得不错。（4）回答得很好，还有别的想法吗？（5）对，回答得很好。（6）很好，老师的板书你能用上，这样学习很对头。这些个性评价，以热情鼓励为主，学生会很容易、很自然地产生强烈的亲切感。

第三节　课堂教学中突发状况的处理

在青少儿语言表达教学过程中，常常会有一些突发状况发生，令很多从事青少儿语言表达教学的教师束手无策，这就是青少儿教学时突然出现的多种应激反应。

一、应激现象的呈现

应激就是对刺激产生反应。有专家认为应激是外部对人体造成紧张感的环境刺激；也有专家从人的本身出发，认为应激是一种内部的心理紧张；还有人从生物本能的角度出发，认为应激是人体对外部伤害做出的本能反应。不同的定义有一个共性：人体会产生紧张和不适的感觉。如果青少儿长期处于一种应激状态下的话，他们的骨骼发育就会受到影响。由此可见，长期的应激反应对于青少儿来说是不利的。

应激反应一般可以分为三种，分别是生理反应、心理反应以及行为反应。

生理反应是指当个体受到刺激后，身体机能会发生一些反应，一般包括发汗、发抖、疲劳、血压升高、呼吸急促、肌肉颤抖或僵硬、食欲过强或下降、皮肤过敏等。

心理反应是指个体在受到刺激以后出现的心理变化，一般是指情绪、认知上的变化。在情绪上，负面情绪开始不断出现，包括心虚、害怕、紧张、担忧等，而在认知上，也会出现注意力分散、记忆力下降、学习能力低等表现。

行为反应是指个体在受到刺激以后，由于心理与生理上产生了反应，从而引起的行为上的反应。行为反应是个体为减少应激反应为自身带来的伤害而采取的一系列行为措施，这些措施中有积极的也有消极的，积极的行为反应能够促进个体的发展，消极的行为反应则会对个体机能产生不良的影响。

二、青少儿在语言表达教学过程中的应激反应表现

青少儿在语言表达教学中产生应激反应行为的主要影响因素是学习因素、人际交往因素和教师因素等。不同的因素都会对青少儿产生影响。教师若进行恰当的应激教育，能有效提高语言表达教学的教学水平，减少回避行为、减轻心理压力，积累经验，促使情境的应付技巧更合理有效。如果教师不能对青少儿进行恰当的应激教育，则会对青少儿造成心理危害，因此，观察并正确引导青少儿在语言表达教学过程中的应激反应，对于教师开展语言表达教学具有重要作用。

（一）青少儿语言表达教学课应激反应状况

青少儿在语言表达教学课中应激产生的消极影响，对课程来说，不但没有达到通过语言表达教学提升青少儿语言表达能力的目的，更得不到青少儿的认同，使语言表

达教学流于形式。

青少儿在语言表达教学课中因为焦虑、紧张、胆怯、缺乏自信、害羞、怕被嘲笑、烦躁、注意力涣散、语言表达交流能力下降等产生应激行为，一般表现为反应性朦胧状态以及反应性僵硬状态，这种状态下的青少儿会因为应激源而出现紧张、难以交流、语言混乱、动作无目的性，以及对教学环境的感知能力变弱、注意力分散等应激表现形式。这两种应激表现形式时间较短，一般在几个小时以后就会消失。青少儿对新事物的好奇心极强，但面对比较复杂并有一定学习难度的语言表达教学知识会产生恐惧心理。此外，语言表达教学课程注重交流，一些青少儿由于缺乏自信，其害羞、紧张、胆怯等一系列不良心理，会导致青少儿出现应激行为。长此以往，青少儿就会产生急性应激性精神病，这种应激表现形式持续时间较长，会导致幼儿丧失情感交流的能力。

（二）青少儿语言表达教学课主要应激源与应激反应的关系

青少儿语言表达教学课中的应激源，与青少儿产生的应激反应之间存在着正相关关系。一般来说，在语言表达教学课程中的应激源越多，青少儿的应激反应越大。明显的应激源包括：经常失败、无成就感、语言表达教学课程枯燥无味、教师自身因素、教学内容陈旧、教学组织无序、缺少生动活泼的形式、怕苦怕累、教学方法呆板。其中前 3 项应激源与生理及心理反应的相关性均较大。这提示教师在进行语言表达教学的过程中，必须从增强青少儿学习的自信心、完善课程组织和提高教师自身的语言表达教学能力的角度来消除这些应激源，以减轻青少儿对语言表达教学课的应激反应。

三、青少儿在语言表达教学过程中发生应激反应的原因

教师在对青少儿进行语言表达教学的过程中一定要多观察青少儿，了解他们的情绪状态，及时对教学进行调整。此外，教师在进行语言表达教学时，除了注重向青少儿传授知识以外，还要密切关注青少儿的心理健康状况。语言表达教学是在同一环境下辅之以教师的动作、神态等进行教学的一种教学行为。教师在这样的教学过程中要时刻注意自己的教学模式会不会对青少儿产生心理伤害。教师在对青少儿进行语言表达教学时也一定要注重自己的教学方法，避免对幼儿的心理产生不必要的伤害。

部分青少儿会因为初次踏入一个班级而不敢撒开家长的手，在做自我介绍时并不能很好地融入大家，而当家长离开，青少儿需要独自面对同学和老师。这时，青少儿往往会变得胆怯，表现为站着不动，一言不发，低头害羞，情况严重者甚至会崩溃大哭。语言表达教师需要发挥训练时所学以及表现自身的亲和力，例如，牵起他的手或者抱在怀里，轻声哄好，慢慢引导，直至青少儿情绪稳定，能够自己独立坐到座位上。教师在上课的过程中也不要忘记时刻观察青少儿的一举一动，注意细节，引导青少儿更好地融入班级。也有一部分青少儿会因为在家里比较随意而在课上出现不遵守课堂纪律，做任何事任由着自己的想法来的情况，教师在加以管教时会激起他们的逆反心理和不良情绪。面对此种情况教师需要做两件事，一是明确讲清现在所处的时间以及课堂环境，包括课堂和家里的区别，以及在课堂上学生需要遵守的规则；二是以身作则，引导其他学生在规定时间做合理的活动，并带动此类青少儿参与其中。而在长期的上课过程中，不免会有一部分老学员因熟悉课程安排和教师个性而感到无新鲜感，导致注意力不集中，自动屏蔽教师的话。在此种情况下，教师需要丰富课前的备课内容，并提升课堂上学生的参与程度。

语言表达教学课中的应激源就是本节要分析的青少儿在语言表达教学过程中发生应激反应的原因，通过分析应激源可以规避课程中会出现的一些应激行为。

（一）环境中的主要应激因素

1. 自然环境

环境的改变必然会对语言表达教学过程中青少儿的心理产生不同的影响，比如下雨时，青少儿就会更容易产生一些情绪低落的心理反应。不同的气候条件会使学生产生不同的应激反应。

2. 教学环境

教学环境是影响青少儿在语言表达教学课中产生应激行为的主要原因之一。语言表达教学课一般是以单班教学和多班教学这两种教学方式为主。所谓的单班教学模式就是指教师在进行语言表达教学时只有一个班级的青少儿。在这样的教学模式下，教室一般会比较宽敞和安静，青少儿更容易集中注意力并产生平静的心理状态。在这种环境下，条件反射会比较容易形成，但同样也会存在一些不确定的应激因素。多班教学是指多个班级在一起进行语言表达学习，在这种教学模式下，教室较为拥挤，环境相对嘈杂，青少儿容易形成浮躁的心理状态，应激因素相对较多，青少儿注意力易分散。教师在对青少儿进行语言表达教学的过程中要尽量选择单班的教学模式。

（二）课程实施中的主要应激因素

1. 非条件刺激因素

非条件刺激是指不是特定产生的应激反应。在语言表达教学课中有很多的非条件刺激因素。例如，青少儿会在语言表达教学课中由于对教师教具的使用感到不适而产生应激反应。这种应激反应会使青少儿出现紧张害怕的心理状态，如果青少儿在语言表达教学课中产生这样的应激心理，会导致整个课堂的教学效果下降。教师在对青少儿进行语言表达教学的时候，一般会采取情境教学法。情境教学法的好处是能够还原场景，激发青少儿的学习兴趣。教师在对情境进行选择和布置时要尽量避免导致青少儿心理不适、产生应激反应的教具的出现。

2. 条件刺激因素

条件刺激因素是教师对青少儿进行主动性刺激的反应，具体表现为教师的动作神态、教学语言等。教师在语言表达教学课中的动作神态、教学语言，是能够直接对青少儿产生作用的条件刺激因素。如果教师在进行语言表达教学的过程中能够积极运用这些条件刺激因素，就能使语言表达教学课的教学效果得到进一步提升。

体验式教学是教师在语言表达教学课中常常会用到的一种教学模式。体验式教学是一种基于互动形式的教学模式，要求师生双方在教学中要实现双边的情感交流，强调教师要关爱学生的身心健康、与学生建立友好的师生关系，并在此基础上促进学生身心健康成长。体验式教学会涉及大量的条件刺激因素，教师在用这一模式进行语言表达教学时要注重对条件刺激因素的选择。

从教学心理学中的习得理论来看，教师在进行语言表达教学时要注重对规矩的树立，并且严格要求青少儿去执行。通过这样的过程，青少儿就会自觉形成良好的学习习惯，这也就是习得的过程。

（三）教师的教育方式因素

教师在整个语言表达教学过程中是一个主导的要素，一堂语言表达教学课能否教好，教师起着至关重要的作用。教师在上课之前要进行备课，避免自己在课堂上的不当言行对青少儿产生条件刺激。教师在进行语言表达教学时，还要做到公平对待每一位青少儿，不能把个人的偏爱带到教学过程中来。如果教师不能够做到公平对待每一位青少儿，就会对受到不公平对待的青少儿造成一些不良的心理刺激，从而使得他们产生应激行为。长此以往，受到不公平对待的青少儿也会产生应激性反应，这会对他们的成长造成不良的影响，这种不良影响绝对不会只存在于课堂上，严重的甚至会影响青少儿性格的形成。因此，教师在教学过程中要十分注重公平教学，公平地对待每一位青少儿，让他们都能够在一个良好的心理状态下成长和接受教育。

除此之外，教师在课下与青少儿的交流过程中也要充满爱心与耐心，保持良好的情绪状态。

（四）青少儿自身的因素

青少儿正处于茁壮成长的阶段，这个阶段的孩子一般都很希望能够得到教师和家长的夸赞，希望家长和老师能够时常关注自己，他们的心理发展状态十分脆弱，因此，教师在进行语言表达教学时，既要在意自己对他们发出的条件反射因素，又要时刻注意自己的情绪。青少儿一般会出现一种心有余而力不足的现象。例如，在语言表达教学过程中会涉及语言表达交流等训练，要求青少儿对自己的想法进行流畅的言语阐述，有的青少儿对语言表达交流的领悟能力较差，在学习过程中往往会事倍功半，这样的学习特点会导致这类青少儿产生消极的应激反应，并采取消极的应对措施，从而导致这类学生在语言表达教学课中产生焦虑的情感。

四、青少儿应激反应的应对方式

青少儿由于自身生理发育的不成熟以及对事物的了解程度较低，是极容易受伤害的，一般会有如下几种情况：3—5 岁的孩子会因为上课要离开家长独自进入课堂而胆怯，或者由于被提问不敢讲话而情绪急转直下；6—7 岁的孩子一般因为害羞或者课堂上其他同学的发言而备受影响。无论哪种情况发生，青少儿的情绪都会变得不稳定，并且一旦受到伤害，这将会给其人格的健康发展带来难以预料的消极影响，严重的甚至会产生应激行为。那么，怎样才能减少青少儿应激行为的产生，使他们身心健康地成长呢?

（一）完善教学环境

教师在授课之前要完善教学环境。如果教师本节课想要利用体验课的教学模式对青少儿进行教学，就要时刻关注气候条件，减少不利的气候条件对青少儿的心理伤害。除此之外，教师还要积极创造良好的教学环境，让青少儿在舒适、安全的教学环境中完成语言表达教学课。

在语言表达教学课中，教师要为青少儿营造一种平等、积极的教学氛围，只有这样才能够集中青少儿的注意力。这就要求教师要做到情感与教学相结合的语言表达授课方式，如果教师没有做到将情感与教学结合，忽视了青少儿的学习主动性，那么，这样的语言表达教学就是教师的独角戏。综上所述，教师要努力为青少儿创造一个良好的教学环境。

（二）避免条件因素和非条件因素的产生

刺激物对个体产生的影响程度决定了各种应激反应的程度。如果刺激物对个体产生的影响程度深，则应激反应强；如果刺激物对个体产生的影响程度浅，则应激反应弱。避免非条件因素的刺激，就要求教师教学要符合青少儿的身心特点。因此，在语言表达教学课中，游戏教材注定是不可缺少的，并且游戏教材的选择和游戏的设定要符合青少儿的性格特征和心理需要，才有可能达到预期效果。除此之外，教师要有扎实的教学基本功，要根据不同的教学内容展现自己的特色，起到召集、催促、命令等作用，且教师示意的教学手势一定要明快才能够较好地完成语言表达教学课。

在与青少儿的相处过程中，教师的行为模式与情绪状态都是会使学生产生应激反应的条件因素。教师在语言表达教学过程中需要与学生有较多的接触，教师的情绪与性格都会对青少儿造成影响。因此，教师一定要注意自身的行为语言和情绪反应，要努力为青少儿营造良好的积极的学习氛围，促进他们身心健康地发展。

（三）采取减少应激的教学组织模式

教师在语言表达教学课中的教学组织模式一定要符合青少儿的学段特征和发展特点。首先，教师对语言表达教材的选择要符合青少儿的学情需要。其次，教师对教学活动的设置一定要符合青少儿的认知发展能力和学习兴趣，只有这样才能够充分调动青少儿学生的学习热情，使语言表达教学课达到预期的教学效果。这就要求教师改变传统的语言表达教学方式，转变教学模式，了解学生的需要，以达到为学生创设一个良好的语言表达学习的教学组织模式的目的。再次，教师在进行语言表达教学时，还要注重与青少儿学生之间的交流，并促进学生与学生之间的友好交流。这就要求教师拥有良好的情绪感知能力，能够在学生之间建立一个良好的沟通机制。教师要善于运用鼓励的力量，不断地去鼓励学生，消除学生对于语言表达教学课的焦虑，让他们能够在快乐中学习，促进学生的身心健康发展。最后，教师要经常进行课后教学反思：想一下课前预设的教学目标是否达成；教学过程中师生之间的情感体验是否欢愉；教学内容的重点、难点是否解决；教学过程中是否存在安全隐患等。教师还可以不断地拓展课程资源，及时地吸收新颖、时尚的语言表达教学元素，通过这一有效的学习途径不断地提高自己的教学水平、提升教学质量。

学习活动

一、思考练习题

1. 结合本章所学内容，设计你的课程教学活动。

2. 谈谈你可以通过什么方式准确分析学生的学情。

3. 如何应对学生在课堂上出现的应激反应？请拿出你的应对预案。

二、实践练习题

请结合下列教案，为本节课设计导入语、讲授语、提问语、总结语。

第一讲：猴王出世

一、词语积累

（一）环节目标

通过经典词语积累，夯实学生的故事创作基础，提高学生的表达水平，培养学生的审美能力，提升学生的文学素养。

（二）环节设置

1. 词句解析：帮助学生理解，教师逐一讲解。

2. 语言表达训练：语音节奏纠正，示范 + 领读 + 个性化辅导。

（三）词语解析参考

1. 五光十色：形容色彩鲜艳，式样繁多。

2. 郁郁葱葱：形容草木苍翠茂盛。

3. 鸦雀无声：连乌鸦麻雀的声音都没有，形容非常安静。

4. 悄然无声：寂静无声的样子，静悄悄的，听不到一点声音。

5. 沁人心脾：指呼吸到新鲜空气或喝了清凉饮料使人感到舒适。现也用来形容美好的诗文、乐曲等给人以清新爽朗的感觉。

6. 芬芳馥郁：一般用来形容盛开的花朵美丽芳香、香气浓厚。

7. 回味无穷：比喻事后越想越觉得意味深长。

8. 酸甜可口：指食物的酸味和甜味中和得恰到好处，口感适宜，很好吃。

9. 凹凸不平：形容平面上有凸出和凹进的地方。

10. 柔软如丝：形容像丝线一样轻、软。

（四）语言表达训练要求

带领学员朗读词语，并及时矫正朗读过程中个别学员出现的语音问题。

二、经典诵读

（一）环节目标

通过经典故事诵读，重温经典故事情节。通过指定段落诵读训练，培养学员稿件语言表达转化能力。

（二）环节设置

1. 教师诵读示范，为学生诵读提供参考和借鉴。

2. 学员诵读训练，学员逐一诵读，教师及时矫正，进行个性化辅导。

（三）教师诵读示范

1. 通篇诵读，教师进行通篇材料诵读示范。

2. 启发问答，引导学员思考：旁白、美猴王、菩提祖师分别以什么样的状态进行诵读？

3. 重点分解：解析旁白、美猴王、菩提祖师分别用何种方法诵读。

（1）旁白：表情动作少，声音变化少，语气语态自然稳定；

（2）美猴王：多动作，活泼顽皮；

（3）菩提祖师：老态龙钟，沉稳大气，声音低沉。

（四）学员诵读训练

1. 单独训练，以个人为单位，学生逐一完成诵读训练，教师进行个性化辅导。

2. 分组训练，以 3 人为小组，进行分组混合训练，教师进行小组辅导加个性化辅导。

三、故事创编

（一）环节目标

通过指定要求故事创编，来开拓学员想象空间，帮助学员掌握指定语言创作技巧，逐步搭建合理有效的语言思维结构。

（二）环节设置

1. 技巧解析，剖析讲解“五觉法”要点，帮助学员理解，启发问答。

2. 创编实践，帮助学员熟练掌握并运用“五觉法”技巧逐一训练。

（三）技巧解析

视觉：眼睛可以看到物品的颜色、形状；

听觉：耳朵可以听到各样的声音；

嗅觉：鼻子可以嗅出各种气味；

味觉：舌头可以知道物品的苦、辣、酸、甜、咸、淡、涩；

触觉：皮肤可以感知物品的软硬、冷热。

我们描写事物时，可以通过各种感觉器官的感受来写物品的特点。采用“五觉法”来描写物品，要注意围绕物品最主要的特点写，切忌支离破碎。此外，还要注意按一定的顺序描述。

（四）创编实践

尝试结合下列故事，并运用五觉法描述美猴王进入水帘洞后所看到的景象和感受。（至少运用 5 个好词）

示例：

石猴整天和山中的动物一起玩乐，过得十分快活。一天，天气特别热，猴子们为了躲避炎热的天气，找到一个像是从天而降一样的瀑布。猴子们觉得惊奇，商量说：“哪个敢钻进瀑布，把泉水的源头找出来，又不伤身体，就拜他为王。”连喊了三遍，那石猴呼地跳了出来，高声喊道：“我进去，我进去！”

那石猴闭眼纵身跳入瀑布，觉得不像是在水中，这才睁开眼，四处打量，发现——

1. 石猴看到了什么：石猴发现自己站在一座铁板桥上，桥上牵牛花的枝叶“郁郁葱葱”，桥下的水冲贯于石窍之间，倒挂着流出来，将桥门遮住，使外面的人看不到里面。石猴走过桥，发现这真是个好地方，石椅、石床 、石盆、石碗，样样都有。

2. 石猴听到了什么：石猴继续往里面走，原本轰隆作响的瀑布声越来越小，听不到猴子们喧闹的洞里更是显得“鸦雀无声”。

3. 石猴闻到了什么：左顾右盼的石猴这时还发现，洞里长着一棵粗大的桃树，桃树上结满了粉嫩的桃子。石猴忍不住摘了一颗提鼻子一闻，呵！这桃子的香味可真是“沁人心脾”“芬芳馥郁”啊！

4. 石猴尝到了什么味道：再把桃子放在嘴里尝一尝，这么好吃的桃子石猴在外面是从来都没有吃过！咬上一口真让人“回味无穷”！

5. 石猴摸到了什么：石猴为了能够成为猴王，就想尽快把消息告诉其他猴子。他一转身，走过“凹凸不平”的石桥，“嗖”的一下跳出了洞。

猴子们见石猴出来了，身上又一点伤也没有，又惊又喜，把他团团围住，争着问他里面的情况。石猴抓抓腮，挠挠痒，笑嘻嘻地对大家说：“里面没有水，是一个安身的好地方，刮大风我们有地方躲，下大雨我们也不怕淋。”猴子们一听，一个个高兴得又蹦又跳。

四、综合演绎

（一）环节目标

通过演绎学员个性创编的故事，将学员的语言思维训练与语言表达应用训练有机结合在一起，提升学员的语言组织能力与即兴表达能力。

（二）环节设置

综合演绎，学员逐一进行舞台演绎，教师从旁启发引导。

五、课后作业

（一）环节目标

培养学生知识整合的能力，拓展学生的知识视野，让学生在完成作业的过程中尽可能综合运用青少儿语言表达与书面语言相结合的相关技巧，实现语言应用能力的综合提升。

（二）环节设置

1. 写作训练，提升学员语言表达组织与书面写作能力。

2. 演绎训练。

（三）环节内容

1. 写作训练：将创编实践环节所编排的故事写成作文。作文要求：题目自拟，至少运用 5 个好词，不少于 400 字。

2. 演绎训练：演绎自己创作的作文，并录制成 3 分钟以内的短视频。

第五章　青少儿语言表达的教学活动设计

☞ 本章学习目标

1. 掌握活动策划原则。
2. 合理高效组织活动。
3. 通过活动达到熟练运用语言的目的。

教学活动设计是指对所要进行的教学活动编制出的教学方案和计划。从广义理解，教学活动既包括课堂教学过程中的活动，又包括为实现教学目标而进行的课外辅助性活动。本章主要讨论后者。

有效的青少儿语言表达教学活动设计，是上好辅助语言理论教学课的关键。设计一个成功的活动，不但能激发孩子参与活动的兴趣，而且可以通过活动，让孩子有效理解课程。在参与活动的过程中，孩子们能体验活动带来的乐趣，使包括语言表达、诗歌朗诵、组织协调等各个方面的综合能力得到提高，本章的语言活动设计学习目的亦在于此。怎样引导孩子操作，教师在活动中发挥怎样的作用，怎样预设讲解示范和作品评价，都是青少儿语言表达教学活动设计时教师应该特别关注的问题。

符合孩子的思维特点，贴近儿童生活，是设计教学活动课的关键。教学活动既要符合不同年龄阶段孩子思维的特点，又要来源于孩子们的生活，力求做到新颖有趣。在整个活动过程中，让每个孩子熟悉活动内容，促使他们充满探究各自语言表达方式的愿望，在操作的过程中发展综合能力，这正符合《美育教育纲要》中提出的要求：让孩子“喜欢与人谈话、交流；创造一个自由、宽松的语言交往环境，体验语言交流的乐趣”。这就需要教师首先要有一双善于发现美的眼睛，多引导孩子观察周围世界，多从生活中选择语言教育的内容，用于教学活动设计，使孩子们既感兴趣，又能在动手、动口中发展技能。

青少儿语言表达教学活动设计不同于普通课程，主要配合课堂教学过程，巩固课堂教学成果。本着简便、易学、好操作的原则，教师根据不同年龄段，设计难易程度不同的活动，融入所学习的语言知识。在活动中，激发儿童学好汉语口语的积极性、自觉性，让他们在丰富的语言活动中感受汉语的韵律之美、措辞之美，勇于、善于运用语言，从而获得语言情趣，提升语言素养，为今后的语文学习、言语表达奠定基础。

第一节　活动设计原则

心理学研究发现，人的语言敏感期为出生后 2 个月到 8 岁之间，15 岁以前要进行标准口语习得，是词汇语法规范、口语习惯、口语修辞、表达艺术及心理素质养成的最佳时期。有声语言学习的重要环节是实践活动，活动的目的是让孩子熟练掌握语言学习当中的各项表达运用，围绕目标设计活动内容，在设计活动时应遵循如下原则：

科学性，包括年龄适应性、操作运用的合理性、用声需求的科学性等。

思想性，活动设计要有明确的主题，体现积极、健康、乐观的主导思想，活动内容要表现真善美。

趣味性，如学生通过参加游戏提升语言兴趣，模拟主持掌握课外知识，体会外出采访当“小记者”的快乐等。

发展性，活动设计应及时掌握行业最新动态，活动与传媒行业、网络信息等内容紧密结合，避免活动形式陈旧难以适应社会发展。

直观性，如朗诵、主持、演讲要有直观效果，具有针对性，活动便于操作，每次活动侧重一方面训练即可，避免贪大求全。

启发性，作品思想要易于理解和感受，主题内容要贴近少儿思维情感，教学中应注意引导少儿对作品内涵的学习。

主题性，在内容上确定具体主题时不可过于随意，节日活动要有意义，如重阳节给敬老院的老人表演节目等。

实践性，不拘于形式但要符合儿童心理和行为特征，依据儿童本能应具有较强的适用性，如职业体验营、异地游学等。

动静交替性，遵循相互使用和交叉运用的原则，将分析稿件、朗诵理论与实践相互结合，启发儿童阐述对作品的理解，提升儿童对文本的感知能力和青少儿语言表达能力。

教育性，设计的活动要有实际意义，课程不可脱离实际，通过参与活动讴歌时代新风尚，弘扬主旋律，培养青少年的荣辱观。

全面渗透性，理论知识点应通过活动有所体现，在活动形式上综合运用朗诵、主持、曲艺、台词等语言技能，这对于儿童语言表达、思维能力、社交礼仪、跨文化传播等方面能力的提高具有重要意义。

第二节　活动总体要求

一、活动设计类型

主要活动类型有经典诵读、曲艺表演、“小记者”采访、童话剧、配音、节目主持、语言游戏等。教师通过课堂教学和活动设计的总结评价，可以充分了解不同年龄段的孩子需要达到什么标准，以及孩子的理解能力、接受能力等。

二、活动设计目标

针对不同年龄段的孩子，活动的目的、要求不同，总体要遵循孩子的接受能力。教学效果和想要开发的语言功能，应配合理论来巩固技能、掌握方法。本着简单易学的原则，活动中教具设计不要过于复杂，而要确保活动项目有趣，语言丰富，注重实效。

（一）3—6岁年龄组（初级）

活动目标：这个年龄段的目标有两点，一是培养孩子勇于在众人面前开口说话，克服胆怯心理；二是让孩子将声音放出来大声朗诵。这一阶段的活动不过多涉及朗诵的艺术性、思想性、情感性等少儿难以理解到位的复杂因素。

教学指导：在活动中，教师应启发孩子大声背诵诗词名篇，具备基本的语言行为表现力。最终，让孩子们习惯于当众表演，让他们体会到这是有趣和有意义的事情，从而在舞台上能够充分感受和大家分享的乐趣。受到周围人的喜爱和夸奖能让孩子们体会成功的喜悦，增强自信心，也能激发他们对语言表达的热爱。

在这个部分，教师可以简单地讲解一些活动意义、方法，不过多涉及艺术、情感等孩子们不好理解的元素。老师更多以形象活动为基础，通过集体活动激发孩子的表现欲望，夯实所学的诗歌等作品内容，让声音洪亮地表达出来。教师在指导孩子们进行朗诵、背诵等活动时，以游戏、启发的方式进行教学，根据学习情况让孩子们熟悉表达方法、体会声音透亮的表达喜悦，以期能够在舞台上呈现更好的效果。

（二）7—11 岁年龄组（中级）

活动目标：这个年龄组儿童的思维能力、语言能力、认知能力、感悟能力都有了大幅度提高，掌握了一定的语言技巧，除了把字音大声地读清读准之外，还能把握作品的情感表达，掌握停连重音等技巧，对诗歌、散文、主持、简单的演讲都可以驾驭。因此，这个阶段的活动设计应注重针对性、目的性，活动形式相对复杂，需要具备一定舞台表现力。

教学指导：通过语言活动，学生要深刻、准确理解和体会作品的精神实质、情感内涵，逐步培养学生运用有声语言技巧。遵循以上规律，这个阶段的语言训练活动设计，以行之有效、丰富多样为原则，以初步掌握有声语言创作为目标，以多元化的外部形式和广泛的内容为载体，使学生语言表现力有较大幅度的提升。

（三）12—15 岁年龄组（高级）

活动目标：这个年龄组，是儿童从少年向青年转变的过渡阶段，表现出独有的个性特征，既保留儿童语言表达痕迹，又初具旺盛的青春活力，甚至有向成年靠拢的渴望。学生的语言成熟度明显提高，语言表现能力、情感调动能力等呈现出极大的丰富性，但学生在语言使用上又尚显稚嫩和不足。这个阶段的活动设计，应与他们的年龄特质、接受能力相匹配，活动形式要增加一定的难度，活动策划要围绕朗诵定义进行，要介入审美欣赏意识的培养，使其领会作品的内在情感和精神，得到美的享受。

教学指导：本阶段的语言实践活动设计，要注意掌握跨年龄段的不规则性特征，策划活动要遵循这个年龄段的接受能力，既不能盲目拔高，又不能所学过浅；既要使学生在学习中遵循语言艺术的一般规律，又要启发他们学会摆脱束缚、从理论的框架中解脱出来，发挥和尊重自身的创造力。在活动表现力上，既要在语言基本功等技法上达到相应标准，又要在朗诵审美鉴赏等外延上有一定的兼顾。因此，本阶段的语言活动设计原则为：难易适中、方法多样、总体提升。

第三节　初级组活动组织策划

初级组的活动策划，按照设计要求和设计原则，以营造简单适宜的环境、启发孩子张口说话和大声朗读为最终目的。因此，初级组活动设计形式简单易操作，目的单纯，以启发性、鼓励性为主开展活动。

一、诗歌朗诵会

（一）活动概述

活动以一个班级为单位，可以邀请其他班级参与观摩。活动设置主题，比如节日主题、季节主题、环保主题等。教师提前选取平时课程中背诵练习的诗歌，也可以挑选课堂之外的、符合主题需要的诗歌，安排好出场顺序。诗歌数量不一定很多，朗诵会时间设置为 50 分钟。教师可适当布置朗诵场地，如有条件，适当布置灯光、制作电子屏，选择适合的音乐以提升场地演出气氛、调动孩子的情绪，还可以模仿成人朗诵会的形式，安排 1 到 2 名小朋友做主持人，主持词不宜过于复杂，多采用口语化短句，对朗诵的节目、朗诵者做简单交代即可，加深孩子对朗诵会的认识。

（二）活动目的

培养孩子具备良好的艺术感受，尤其是语言艺术，更需要表现力，培养孩子在人数较多的场合大胆开口说话、大声朗诵的能力，让孩子们体验朗诵会的形式，培养其舞台感受力。

（三）活动要求

孩子们要有良好的精神状态，诗歌背诵要熟练，朗朗上口不生涩，声音洪亮，语言要生动形象、有感染力，做到口齿清晰、条理清楚，语速要适度，要适应学生的心理节奏。

（四）注意事项

幼儿期是学习语言的最佳时期，是儿童初步学习诗歌、掌握朗诵技巧的最好阶段，一定要注意由浅入深，不要过多灌输朗诵技巧、方法、情感等难以理解把握的要领。学生克服胆怯、锻炼胆量、朗诵保持声音洪亮，是这项活动的重要目的。

（五）教学指导

诗歌选择要本着精练、简短、节奏明快、押韵对仗和易上口的原则，一般以五言绝句古诗歌为佳，重要的一点是注意保持孩子天真、自然、快乐的儿童情趣，切记拖腔甩调的“舞台腔”。

遇到对现场有恐惧感的孩子，要注重活动前的训练，只有当众表演才能训练他们的勇敢精神，教师可以引导他们到生活社区、陌生班级进行表演。朗诵音量不可过小。对于胆量大的孩子，要提醒朗诵时不可用力喊叫，培养孩子集中精力观看演出。

（六）范例

表 5–1　可供选择的诗歌（难易程度从高到低分 A、B、C、D 级）

古诗名称	作者	难易程度
春晓	〔唐〕孟浩然	C
静夜思	〔唐〕李白	C
悯农	〔唐〕李绅	A
登鹳雀楼	〔唐〕王之涣	D
山村咏怀	〔宋〕邵雍	B
华山	〔宋〕寇准	A
夜宿山寺	〔唐〕李白	D
池上	〔唐〕白居易	C
风	〔唐〕李峤	A
寻隐者不遇	〔唐〕贾岛	A
梅花	〔宋〕王安石	C
清明	〔唐〕杜牧	D
菊花	〔唐〕元稹	B
江上渔者	〔宋〕范仲淹	C

（七）思考题

1. 声音柔弱的原因是什么？如何通过活动练习？
2. 如何有针对性地克服孩子的胆怯心理？

二、语言游戏闯关

（一）活动概述

以 10—15 人为宜，安排小朋友围坐一圈，以掌握的绕口令为基本素材，形式活泼，整体氛围轻松快乐，背诵成功打卡获得点评通关，教师给予一定奖励，没有完成的同学离开圆圈位置坐到圈外，照此类推，直到留下最后一名同学为获胜者。

（二）活动目的

绕口令又叫急口令或拗口令，可以让孩子们在绕口令游戏闯关活动中，对绕口令产生浓厚的兴趣，通过绕口令练习，训练孩子口齿舌的灵活程度，使发音部位、发音方法得到很好的锻炼。

（三）活动要求

与诗歌朗诵会的严谨、庄重不同，绕口令游戏闯关要营造轻松快乐、活泼有趣的氛围，让孩子们在游戏中体验学习的乐趣。教师引领孩子们在保持吐字发声清晰准确的前提下，达到快速练习的目的，以锻炼儿童口齿舌的快速配合和灵活使用。教师要明确为什么要让儿童练习绕口令，一定要严格按照训练标准进行，让学生读准每个字。

（四）注意事项

游戏本身是快乐轻松的，但绕口令的训练要求是严格的，教师不要因为形式活泼而放松了对绕口令的基本要求，对表现好的要多鼓励，对一时没达到要求的，注意让游戏失败者在欢笑中离开圆圈，不使孩子自尊心受到伤害。

（五）教学指导

老师要清楚每一段绕口令训练的是哪个口腔部位，是双唇的力度，还是撮口的唇形，是练舌尖还是练舌根等。应该训练儿童在较快的速度下说清这段绕口令，注意克服因语速快而质量差，或虽然口齿清晰但语速慢的问题。

（六）范例

可供选择的绕口令篇目

《白石塔》

《炖冻豆腐》

《刘小妞去遛牛》

《哥哥口渴要喝水》

《大哥和二哥》

《隔着窗子撕字纸》

《乖乖喂蝈蝈》

《石狮子纸狮子》

《肩背一匹布》

《葫芦架上挂葫芦》

《杨家羊和蒋家墙》

《八百标兵奔北坡》

《半盆冰棒半盆瓶》

《哥挎瓜筐过宽沟》

《粉红墙上画凤凰》

《老农老龙》

（七）思考题

1. 如何通过活动保证绕口令背诵时的速度和清晰度？

2. 怎样引导孩子对绕口令活动的兴趣？

三、主题演讲

（一）活动概述

主题演讲主要包括：班会，家庭演讲，社会演讲。

参与演讲的人数不宜超过20人，设计主题班会，其实是借用“演讲”概念培养5—6岁年龄段的孩子使用长句说话的能力，培养他们对事物、现象、体验等的初步叙述能力。考虑到这个年龄段的孩子语言表达的客观实际，每个人的演讲时长以1分半钟到2分钟为宜，演讲会总时长控制在50分钟以内。孩子们通过活动能够发现自己和他人语音中的不足，在老师的带领下作出调整，从而提高说话的准确性、清晰度。同时，儿童的词汇量也会大幅增加，他们能掌握各类词汇，甚至一部分关联词的用法，继而进一步掌握一些较简单的语法结构，使语言表达变得越来越复杂，有时还会用到并列、因果等各种句式。比如，他可能会说“因为今天的作业没完成，所以我现在还不能吃饭”。大部分时候，这个阶段的儿童都可以实现与他人的无障碍交流，因此，此阶段安排一些初级简单的演讲活动恰逢其时。

（二）活动目的

训练孩子的语言表达能力、语句连贯运用能力、语义体验理解能力。

（三）活动要求

活动安排要紧凑连贯，不能拖泥带水，孩子们的演讲要兴趣盎然、绘声绘色，语言表达要连贯完整，让孩子们感受到口语演讲与朗诵、绕口令的不同。

（四）注意事项

活动规划以背诵前期编排好的主题演讲稿形式进行，孩子们模拟演讲，时间长度1.5分钟—2分钟为宜，主题设计可以是爸爸妈妈的亲情关爱、可爱的祖国、田园游戏的开心体验、小朋友的友情、语言学习的乐趣等。

（五）教学指导

老师要帮助孩子写演讲稿，演讲稿不一定要求很全面，不要求固定格式，但应该讲述一件完整的事，形成一个清晰的片段，要叙述充分且有一定的逻辑关系。演讲活动开始前可以给孩子反复练习的机会，直到内容非常熟练为止。教师应注意控制整个演讲的总时长不超过50分钟，时间过长会使孩子们的耐心遇到挑战。我们可以从孩子掌握的词汇量、长难句式、表达是否完整、说话是否清晰流利等方面来判别表达的准确性。

（六）范例

亲爱的老师、小朋友们，大家好！我是大班小朋友，今年5岁了。今天我演讲的题目是《我的祖国》。小时候，妈妈对我说："我们的祖国叫中国。"上学了，老师对我讲："我们的祖国叫中华人民共和国，我们要爱妈妈，更要爱祖国。"

记得刚上学的时候，我总是羡慕地望着大哥哥大姐姐胸前飘扬的红领巾。那是光荣的、值得尊敬的象征。老师告诉我们，那是红旗的一角，是用烈士的鲜血染红的，今天的幸福生活是无数前辈努力换来的。终于有一天，一面小小的"红旗"挂在了我的胸前，在鲜红的少先队旗下，我五指并拢，高举过头，我深深知道：这个敬礼代表人民的利益高于一切！鲜艳的红领巾将伴随着我们好好学习，天天向上！鲜艳的少先队旗指引着我们"学雷锋、做好事"。

渐渐地，我们长高了、长大了。我知道，红旗象征着祖国的光荣和梦想，我们是祖国的未来和希望。每当我看到冉冉升起的五星红旗时，我的心情都无比激动。

谢谢老师、同学们。我的演讲到此结束。

（七）思考题

1. 演讲前如何克服紧张情绪？
2. 演讲活动的前期策划，对保证演讲质量有哪些帮助？

四、亲情互动体验

（一）活动概述

此项活动适合3—6岁年龄段的儿童，人数包括家长不超过20人为宜。以每个小朋友能背诵10首儿歌为前提设置活动，提前制作小卡片，卡片上绘有图画，图画内容与儿歌描写内容局部场景一致，如司马光砸缸、山羊和老狼、谁知盘中餐等。活动以家庭为组合，家长和孩子同上舞台，家长取一张卡片，给孩子出示卡片图案，让孩子根据卡片图案提示，背诵所掌握的儿歌，比比谁识图快、背诵快、朗读好。此项活动可难可易，教师可以根据儿童年龄大小，绘制不同难度的图画。

（二）活动目的

在活动中了解孩子的诗歌储备量，提升孩子在游戏中的思维反应、记忆联想、背诵诗歌能力。

（三）活动要求

活动应具有合适的场地，舞台与观众席隔开，现场氛围热烈有度，既轻松愉快又不干扰猜答与朗读表演，重要的是活动前期要让孩子们多储备一些诗歌、儿歌、寓言等内容，图画卡片制作尽可能精美，引发孩子的兴趣。

（四）注意事项

注意家长和孩子的有效沟通，提前给家长一些较好的建议，要让家长了解孩子的学习情况，并及时记录反馈活动出现的问题。

（五）教学指导

以家庭为单位，家长与孩子相互配合完成这项活动，家长要有耐心，不可急于求成。活动现场保持安静有序，尽可能避免识图猜答过程中提示现象的发生，图画绘制应简洁明晰，一目了然，不可过于复杂。教师还可设置一些奖品，奖励成功完成互动游戏的家庭。

（六）范例

1. 快乐一家人

玩法：爸爸妈妈双手交叉，孩子坐在上面，父母在中转处放下孩子，孩子投球，爸爸妈妈共同拿桶接球，投中 1 个后，爸爸妈妈手拿木棒，孩子双手吊在木棒上返回，先返回到起跑线并能够背诵球所代表的儿歌者为胜。

2. 可爱的树袋熊宝宝

玩法：让幼儿抱紧家长的脖子，双腿夹紧家长的腰，像小树袋熊一样紧紧地挂在家长胸前，家长双腿并拢向前跳，先到终点者获胜。家长必须双腿并拢向前跳跃，孩子不能落地。

3. 托球跑

玩法：幼儿与家长分别站在跑道的起点和终点。哨响开始，孩子拿起乒乓球跑向家长，家长随即将球用球拍托着走回起点，先到者为胜。托球过程中球不能落地或用手碰球，球落地得回到起点重新开始。家长托球时，孩子背诵球所对应的儿歌。

（七）思考题

1. 对这个年龄段的孩子来说，怎样的家庭氛围有利于活动的开展？
2. 启发孩子用简单的语言评价家长配合活动的表现。

五、成语接龙

（一）活动概述

5—6 岁这个阶段的孩子文学作品阅读量增大、诗词散文等储备增多，该活动以增强他们的思维反应能力、语言组织表达能力为目的，以期为后期语言运用、主持演讲打下扎实基础。活动人数不限，参与者围坐成圆圈，上一个人快速说出一句成语、谚语、歇后语等，下一个人以上一句的字尾，作为下一句的字头，接出一个成语、谚语、歇后语等，照此类推，未答出或中断者就遭淘汰。

（二）活动目的

无论是朗诵表演，还是主持演讲，包括形象思维、逻辑关系，以及讲话的条理、结构的巧妙，都取决于扎实的语文功底。此项活动的目的，是在语言表达过程中，训练儿童的思维反应能力，考查其成语储备，锻炼其语言运用能力。

（三）活动要求

人数可以不限，但质量必须要保证，要有一定的成语、歇后语、谚语储备量，要做到信手拈来，脱口而出，规则可以设置利用同音、谐音字等。参与活动的人员精力要集中，以保证思维敏捷，反应机敏，运用灵活。

（四）注意事项

此项活动重点在于前期准备，要有比较充足的成语储备，可以设想，如果准备不足，这项活动是无法顺利进行的，也就失去了它本应有的意义。

（五）教学指导

举办这项活动也应本着实事求是、尊重客观的态度，允许刚开始时尝试的不顺利、不适应、反应慢等实际情况，但只要坚持不懈、永不放弃，久而久之一定大有成效，从而为后面的语言表达学习打下坚实基础。

（六）范例

功留青史→史无前例→例行公事→事预则立→立此存照→照葫芦画瓢→瓢泼大雨→雨打风吹→吹灰之力→力倍功半→半筹莫展→展翅高飞→飞蛾扑火→火耕流种→种瓜得瓜，种豆得豆→豆蔻年华→华冠丽服→服服帖帖

（七）思考题

1. 如何在活动中达到训练思维能力的效果？
2. 如何做到将语文知识融入语言表达活动中？

六、绕口令与贯口闯关

（一）活动概述

绕口令作为一种独特的语言艺术，可以提高人的语言表达能力，培养大脑反应的敏捷性，娱乐和美化人的精神世界，有益于少年儿童的智力发展。绕口令是孩子们用以训练语言敏捷、口齿伶俐、识字辨音的好材料，它题材广泛，反映丰富生活、平添社会情趣。3—6 岁这个年龄段的绕口令、贯口训练，应该遵循由易到难、循序渐进的原则。这项绕口令、贯口闯关活动，以一个人能完整快速、清晰准确讲完绕口令作为是否过关的质量标准，一个人完成后再接下一个人。

（二）活动目的

通过绕口令闯关活动实践，纠正口语发音中的错误、缺陷读音；通过闯关游戏活动，互相检查，互相学习，互相纠正，达到青少儿语言表达清晰的效果，提高学生头脑反应灵敏度，从而培养其对生活的兴趣，帮助智力发展。

（三）活动要求

学念绕口令、贯口是一种既有趣又有益的训练活动，别看它是一种小游戏，要达到自如熟练的程度却也不容易，必须下功夫。

（四）注意事项

这是一项语言基本功训练活动，初学时不要性急，要循序渐进，以保证清晰为前提，应该先念慢一点；熟练之后逐渐加快，特别要注意那些容易混淆、容易出错的字词。闯关时不要怕人笑话，日久天长就会熟能生巧。

（五）教学指导

教学要做到生而不涩、熟而不油，在表达清楚的前提下，由慢而快，不可贪一日之功，要慢工出细活。学生不管念得快与慢，都必须念得准确清楚，注意要坚持反复训练。

（六）范例

一星难度：吃葡萄不吐葡萄皮儿，不吃葡萄倒吐葡萄皮儿。

二星难度：祝大家：一飞冲天、二龙腾飞、三阳开泰、四季平安、五福临门、六六大顺、七星高照、八方来财、九转功成、十全十美！

三星难度：牛郎恋刘娘，刘娘念牛郎，牛郎年年念刘娘。刘娘年年恋牛郎，郎念娘来娘恋郎。

四星难度：进了门儿，倒杯水，喝了两口儿运运气儿，顺手拿起小唱本儿，唱一曲儿，又一曲儿，练完了嗓子我练嘴皮儿。绕口令，练字音，还有单弦儿牌子曲儿，小快板儿，大鼓词儿，越说越唱我越带劲儿，我是越说越唱越——带——劲！

五星难度：闲来没事出城西，树木琳琅数不齐，一二三四五六七，七六五四三二一，六五四三二一，五四三二一，四三二一，三二一，二一一，一个一，数了半天一棵树，一棵树长了七个枝，七个枝结了七样果，结的是：槟子、橙子、橘子、柿子、李子、栗子、梨！

（七）思考题

1. 如何做到绕口令和贯口在运用中生而不涩、熟而不油？
2. 尝试创作贯口丰富自己的教学活动。

第四节 中级组活动组织策划

中级组语言活动主要满足 7—11 岁年龄段，它的组织策划是建立在初级基础上的，基本完成了初级活动的各项要求后，才能进行中级活动，但语言能力较强的初学者，可直接进行中级活动。这个单元的活动策划安排，与语言理论教学内容紧密配合，是青少儿语言表达教学的强化和辅助方式，应注意与教学过程的顺序保持一致。

一、儿童剧

（一）活动概述

培养孩子对戏剧表演、台词语言艺术应用的兴趣，启发孩子的想象力，培养其艺术审美鉴赏能力、语言表达思维的逻辑性、形体动作的协调美观性，树立舞台自信、互助协同的团队意识，对孩子身心机能的同步增长有着现实意义。以语言能力培养为核心的儿童剧实践活动时长以 30 分钟较为合适，过短达不到锻炼目的，过长则使孩子们难以适应。人数以 5—8 人为宜，编剧表演以孩子们喜闻乐见的剧情为主要内容，以反映孩子的真实、天真、美好、快乐为主要目的，台词多采用符合孩子特点的短句和接近学生日常生活的口语，避免使用过于成人化的长句、复合句。故事情节应通俗易懂。道具简单，说明问题即可，表演中尽可能不频繁上下台搬动道具。

（二）活动目的

增强孩子对舞台规定情境的信念感，培养孩子对舞台表演的感性认识，加强肢体的协调性、灵活性，培养审美情趣。巩固儿童的语言学习成果，训练思维力、发挥想象力，使孩子们能踊跃上台展示，能准确表情达意和把握语言逻辑，吐字清晰，发音响亮。

（三）活动要求

让孩子认识角色，把握人物关系，启发孩子贴近人物性格、情感，并注意给孩子自我发挥和想象的空间，激发他们对事物本质的理解感受，让孩子从肢体上、行动上和语言上真实地表达出喜怒哀乐。

（四）注意事项

舞台要因地制宜，不追求奢华完美，以够用、说明问题为原则，可以有一些基本色彩。在布置时，有条件的可以安排几块电子屏，摆放一些必需道具，还可以配备胸麦扩音设备。排练成熟后安排正式演出，可以邀请家长等前往观看，给予孩子们充分的肯定和鼓励。

（五）教学指导

剧情力求简单明了，不可过于复杂，避免难以理解的题材，舞台表演对于部分孩子来说有一定难度，要因材施教，循循善诱，多做启发引导工作，不可急于求成。排练过程可以分为几个阶段，比如熟悉台词阶段、熟悉舞台阶段、认识角色阶段、刻画人物阶段等，循序渐进，分步实施。

（六）范例

森林新春会

小猴子：亲爱的妈妈，今天你要给我们讲一个什么样的故事呀？

猴子妈妈：哈哈，今天我要讲一个森林新春会的有趣故事。

小猴子：啊？森林新春会？那是不是有好多小动物都可以给我们展示才艺了。

猴子妈妈：嗯嗯，是的，这个大会会有很多小动物参加，它们每一位都有自己的才艺，而且这次大会还有美丽的天鹅姐姐作为主持人。

天鹅姐姐：森林王国的朋友们，你们好！我是森林王国里最美丽的小公主，很高兴成为今天大会的主持人。今天的第一个节目，将由我们最可爱的小猪哥哥送上，你们期待吗？

所有动物：期待！

小猪哥哥：大家好！我是超级无敌帅气的小猪，你们可以叫我天天，今天我要给你们表演的歌曲是《猜猜我是谁》，掌声在哪里？

（小猪哥哥演唱中）

耳朵像扇子，鼻子大又圆！

身子肥又矮，吃饱只会睡！

大家猜对了吗！我们说的是小猪哦。

小小猪，胖乎乎，耳朵大来腿儿粗。

走路摇摇小尾巴，唱起歌来呼呼呼。

天鹅姐姐：我看到了精彩的表演，也听到了大家热情的掌声，接下来让我们有请最具魅力的才艺组合——开开心心组合。

小老虎：大家好，我是小老虎乐乐。

小狮子：大家好，我是小狮子俏俏。

小山羊：大家好，我是小山羊花花。

小喜鹊：大家好，我是小喜鹊哈哈。

合：今天我们要给大家来一个《大拜年》。

小老虎：大风吹，鸟儿叫，农历新年已来到。

小狮子：贴春联，放鞭炮，祝福声声耳边绕。

小山羊：东家欢，西家笑，万家团圆乐逍遥。

小喜鹊：天欢笑，地欢笑，年年岁岁有今朝。

合：雪花飘飘除夕到，和和美美吃水饺。

合：祝大家新年快乐！

天鹅姐姐：大家表演得也太好了，那我也要送一段祝福，祝大家：一帆风顺，二龙腾飞，三阳开泰，四季平安，五福临门，六六大顺，七星高照，八方来财，九九同心，十全十美。

合：百事可乐，万事如意！谢谢大家！

天鹅姐姐：哈哈，谢谢大家！第一个篇章就结束了，后面的故事你们期待吗？

合：期待！

猴子妈妈：（看了看小猴子）今天的故事先讲这么多，明天我们继续！

小猴子：太有意思了！妈妈，我明天还要接着听他们的故事！

（七）思考题

1. 儿童剧表演中的难点是什么？
2. 怎样才能在儿童剧表演中快速地找准故事角色的定位？

二、异地游学

（一）活动概述

这项活动策划的核心在“异地”，让孩子们在期盼中开展游学朗诵主题活动。这项与目的地人文地理历史紧密关联的游学朗诵、演讲活动，让孩子们收获体验、感悟并获得知识和快乐，是其他游览活动无法替代的。此次活动是以语言训练为核心，出于开发智力、开阔视野、增长见识的一门课程活动，每年设定一个城市，每年一个主题，形成系列活动，旨在使孩子们走向社会、走向自然，是从社会与自然的无字书中汲取丰富的营养、孕育厚重的人文底蕴、培植语言表达艺术的重要途径。

（二）活动目的

活动旨在异地体验，亲近自然，拥抱美好，激发孩子在春雨、流水、落日里体会诗歌与感悟文学，让孩子们陶醉在美妙的语言感悟中，将语言感悟定格在他们一生的回忆里。活动策划、组织、实施的整个过程，也将是对孩子们精神风貌、纪律观念、行为习惯、合作意识、环保意识、安全意识的整体考验。

（三）活动要求

策划前往一座城市，全面透彻地了解城市全貌，组织以当地历史、地理等自然人文为主要表现力的文字材料，提前交由学生熟悉背诵，结合素材实地体悟文章表现内容，加强感性认识。教师可以在当地选取合适场地，如旅游胜地、红色景区等，组织学生身临其境地抒发各自的情感，声情并茂地开展朗诵、演讲、诵读活动。

（四）注意事项

异地游学活动要注意掌握主次关系，学为主、游为辅，不可本末倒置，这就要求学生对朗诵内容格外熟练，准备工作完备充分，活动安排应井然有序，组织工作要细致周到，同时应严格遵守纪律规范。

（五）教学指导

主题突出，内容材料要与所在城市紧密融合，不可脱离主题，失去意义，生师比按照10:1配备，总人数不宜过多，注重表演场地与交通安排，以食宿方便为策划原则。

（六）范例

送你一个长安[①]

送你一个长安
一城文化半城神仙
送你一个长安
一城文化半城神仙
古都花开春满家园
绘一幅蓝天　还有祥云一片
送你一个长安
蓝田先祖　半坡炊烟
凤鸣岐山　白鹿驰原
沿一路厚重走向久远
送你一个长安
恢恢兵马　啸啸长鞭
秦扫六合　汉度关山
剪一叶风云将曾经还原
送你一个长安
李白杜甫　司马长卷
唐风汉韵　锦绣斑斓
采些许诗意观照明天
送你一个长安
秦岭昂首　泾渭波澜
灞柳长歌　曲江情缘

①《送你一个长安》，2011西安世界园艺博览会主题歌，作词薛保勤，作曲甘霖。

掬一城山水　绿了人间
送你一个长安
一城文化半城神仙
古都花开春满家园
绘一幅蓝天　还有祥云一片
送你一个长安
一城文化半城神仙
古都花开春满家园
绘一幅蓝天　还有祥云一片
还有祥云
祥云一片

（七）思考题

1. 异地游学诵读活动与其他诵读活动有什么不同？
2. 朗读情绪如何做到与当地特色文化有机融合？

三、影视配音活动

（一）活动概述

配音是最近几年语言专业课程教学广泛植入的一项内容，也是很多青年语言爱好者普遍涉猎的语言形式，还是各级朗诵大赛上频频出现的参赛项目，被称为“美感”的艺术。影视剧、动画片配音与舞台剧中的人物台词较接近，是剧作者刻画人物、展示剧情、表达主题的有效手段。影视剧、动画配音活动不仅是一种视觉艺术，而且是一种听觉艺术，主要依靠人物语言的表现能力，在情节上打动观众，在听觉上使观众产生无限的想象和审美的愉悦。配音活动形式较具体，操作较简单，可以选取所要表达的动画影片内容，活动策划可采取由浅入深、先简后繁的方式，采用人物由少而多、逐步掌握的原则，配音人数视影片布局而定，可以划分小组，分别实施。

（二）活动目的

影视、动画片是一种集合了多种科学、艺术于一身的综合艺术，是伴随着科学技术进步而产生的超乎现实想象的艺术表达方式。配合前面章节相关内容的学习，培养学生语言艺术的多样化表达，尤其是对人物语言的表达，不仅能精准传递影片内容，使影视叙事更为灵活，而且对影视剧的艺术效果具有重要的烘托作用。

（三）活动要求

配音之前要进行声音角色分析、人物角色分析，演员的台词应避免公式化、概念化的言语调式，要根据剧本提供的一切条件，进行人物的再创造，讲出有个性的语言，不仅要达到“闻声如见其人”，更要追求高于原片人物语言的艺术效果。

（四）注意事项

影视剧、动画配音的活动目的是丰富思想、提炼情感、熟悉技巧，学生应根据剧本规定的特定人物的言语，掌握既以生活语言为依托，又经过加工、创造的台词语言艺术，使朗诵艺术与话剧和影视专业衔接。配音的最高艺术境界是语言的艺术表现力高于原片声音的表现力。为达到此目的，演员必须进行一番艰苦的再创造。

（五）教学指导

选择配音原片要切合实际，保证一定的难度要求，不宜过长，人物不宜过多，人物语言尽可能简短。要注意由易而难、由简而繁，演员气息不能太弱，音量不能过小和缺乏表现力，要克服口齿不清、语音不规范的问题，要能真正理解人物台词，避免只会大声高喊、缺少层次、没有变化的现象。

（六）范例

动画片《花木兰》替父出征片段

太监：百姓们，我从京城来，带来了皇帝的谕旨。匈奴向我们进攻了。皇上下了诏书，每家出一名男丁，应征入伍，保家卫国。易家接旨。

易家儿子：我愿意替父亲为皇上效劳。

太监：花家接旨。

木兰：不。

木兰父亲：我决心为国尽忠。

木兰：爹爹你不能去。大人，求求您了，我爹他已经为国效劳一辈子。

太监：住嘴。你应该好好管教一下你的女儿。

木兰父亲：木兰，别让我丢脸。

太监：明天正午军营报道。

木兰父亲：是，大人。

太监：修家接旨。张家接旨。李家接旨。

木兰：你不应该去。

木兰母亲：木兰。

木兰：有那么多年轻人可以为国上战场。

木兰父亲：保家卫国是我们义不容辞的责任。

木兰：可你不想想你受伤的腿。

木兰父亲：我心甘情愿为正义献身。

木兰：可万一……

木兰父亲：我知道该怎么做。你不要再跟我多嘴了。

木兰奶奶：木兰她跑了。

木兰父亲：什么。

木兰父亲：她扮了男装。木兰……

木兰母亲：快去把她追回来，这是欺君之罪。万一暴露了，要杀头的。

木兰奶奶：列祖列宗，求求你们，保佑木兰。

分析人物角色：先梳理不同角色，不同人家接旨要突出各家的特征，如身强力壮的家庭、成员年老体弱的家庭。太监这个角色最特殊，要注意用声技巧。木兰和父亲的争执片段中，要突出木兰的急切和父亲的坚定，注意节奏的把控和吐字的力度。木兰妈妈和奶奶发现木兰替父从军后的情绪变化也需要较强的表现力。

评分标准：以原片为基础，以剧本为依托，选择适合自己的人物对白，反复训练，片长以3—5分钟为基本单位，以神态、情绪、口吻、唇型是否贴合原片为衡量标准。一是要让观众听清楚，听明白，加强吐字发声基本能力的训练；二是台词表达要感人，语言要动听，表达内容要耐人寻味，给人以美的享受；三是台词表达要性格化，与人物全貌相符合。

（七）思考题

1. 在配音过程中，如何去贴近角色、把握节奏？

2. 如果遇到不易理解的台词，可以通过什么途径化解？

四、曲艺表演

（一）活动概述

贯口、绕口令、笑话接龙、相声、脱口秀等曲艺形式，被语言应用课程所广泛采用。这些曲艺形式既可以训练语言表达的基本功，又是具体、独立的语言艺术表现门类。策划开展曲艺表演活动，是课程体系不可缺少的一环。本活动设计可以小型化，随堂进行，以两节课为一个单元，学生人数以班级现有人数为基本单元，每次确定一个主题，围绕主题编排内容。

（二）活动目的

贯口、绕口令等是曲艺表演中的一种技巧，贯口中经常会采用一些排比句或相似的话语，这项活动的目的是检验学生平时的训练效果，考验他们的气息控制能力、吐字归音能力和唇齿用力是否充分的问题，以及能否做到字字清楚、语言流畅、情绪饱满，考查学生的语言节奏和心理节奏是否统一，最终达到一气呵成。

（三）活动要求

这项活动随堂开展，但又不同于普通的课堂教学，而是以一个完整的演出形式为基础进行展现，不求篇幅大小，但求能力释放。不需要刻意布置环境，也不需要灯光音响等辅助设备，大家围坐一圈，精力高度集中，表演者聚精会神，表演活动虽然是随堂轻松愉快地进行，但要保证质量，不能当作游戏，松松垮垮。

（四）注意事项

活动可以以相声、快板、笑话接龙为主要表现形式，内容包含贯口和绕口令等基本素材，可单人表演，也可对口或群口表演，目的是加强基本功训练，但又不仅局限于单纯的技术性训练。活动要确定有一定意义的主题且节目的内容要具有艺术欣赏性。

（五）教学指导

无论是哪一种曲艺形式，都要表现出专业水准，这是检验平时学习程度的方式，活动要有质量，表现要有水准，课堂要有秩序，既生动活泼，又严肃认真。

（六）范例

三英战吕布

话说虎牢关下，诸侯云集，天下豪杰，奉先神威。两军阵前，吕布身着红锦百花袍，身披兽面吞头连环铠。手持方天画戟，坐下嘶风赤兔马。真是人中吕布，马中赤兔。布大喝一声："吕布在此，谁人前来送死！"话音未落，幽州公孙瓒，舞动铁槊直取吕布，前去送死。吕布挥戟，战不三合，公孙招架不住，拨马败退。吕布纵马直追，危急关头，忽闻一声怒吼："三姓家奴吕布休要猖狂，燕人张翼德在此！"诸侯军阵之中，一将飞出，圆睁环眼，怒声如雷，手持丈八蛇矛，正是张飞张翼德！吕布舍弃公孙，疾取张飞。二将大战八十余合，风起云涌，势震八方。诸侯喝彩，声盖九天！士兵看得痴呆，鼓手擂得手酸！当时恼了虎将关云长，瞪起丹凤眼，竖起卧蚕眉，手提八十二斤青龙偃月刀，催马上前，夹击吕布。刹那间，刀若闪电，矛似流星，奉先画戟，更犹若猛虎搜山，神龙出海。时有兵刃撞击，响彻八方，声闻于天！关张奋力，三将酣战五十回合，犹然战不倒吕布。沧海横流，方显英雄本色。乱世之中，才知豪杰笑傲。三人战得难分难解之时，诸侯军中，奋起一将，手持雌雄双剑。刘备刘玄德，一马当先，前来助战。三英合力攻杀，意欲将吕布斩于军前！虽吕布雄勇无双，无奈独力难支。十余回合之后，已然招架不住。画戟带风，急取刘备，玄德急忙闪躲，再凝神看时，奉先已然纵马杀出。正是放开玉枷脱蛟龙，反身飞上虎牢关。

（七）思考题

1. 随堂进行的曲艺表演最大特点是什么？
2. 如何在课堂上提升自我表现力和临场应变能力？

五、诗歌朗诵会

（一）活动概述

这个阶段的诗歌朗诵会，是幼儿组别朗诵会的升级版，无论在规模上还是在质量上都有明显提升，活动的策划、组织，节目的编排，服化道、音响、灯光等的配合，都要达到专业要求。朗诵会主题集思想性、文学性、知识性、艺术性于一体，可以是唐宋经典名篇，可以继承和弘扬中华民族优秀传统文化，可以关乎富有激情、富有青春气息的校园文化氛围，可以是节庆、节气等主题，也可以是迎新、毕业等主题。朗诵会时长要适中，以一小时为宜。

（二）活动目的

语言艺术包括戏剧、影视、主持、播音、曲艺等多个门类，朗诵是以上各门类语言艺术的一门基础课程，它包含在戏剧、影视专业的台词课中，是主持、播音、曲艺等语言艺术学习基础课中必有的科目，也是本书其他章节的学习不可回避的表现形式。通过朗诵会的语言活动来检验学生语言艺术学习的成果，是最为有效的手段。以朗诵会为载体，通过和观众面对面的交流，可以引发学生平时在课堂上不易调动的感情共鸣，达到直接的艺术效果，展现学生的艺术才能。

（三）活动要求

活动要做到主题突出，节目形式活泼，教师要选择符合少年儿童特征的作品，朗诵篇目要经过细致甄别和精心选取，符合朗诵会的整体要求，以乐观、积极、向上、求进为主要基调。学生要熟练掌握、完整背诵所选作品；节目编排要合理协调、观赏性强；服装选择要本着大方得体的原则，与主题相符合；音响质量要有保障，配乐与朗诵语言音量比例协调，有条件的可以利用电子屏，以增强视觉效果。

（四）注意事项

当前的朗诵活动呈现出多元化蓬勃发展的态势，活动设计也不能忽略这样的变化，节目品种力求丰富多彩，独诵、合诵、多人齐诵都应有所考虑，为营造朗诵气氛，还可以设计相声、评书、快板等节目形式，节目种类以不冲淡主题朗诵为原则。活动总体编排要完整，请两位语言能力较强的同学担任主持人，精心撰写主持词。朗诵会以专业面貌呈现，可以邀请同校、外校同学老师以及家长亲友前来观看。活动之后举办研讨会，可邀请各方人士参加，总结经验，找寻不足，争取更大进步。

（五）教学指导

演出过程要紧凑，主持、演员出场等环节不可拖泥带水，演员应做好出场前的准备，按照正式演出要求提前候场，不受后台各种调度工作的干扰，集中安静默背诗稿。灯光、道具、配乐等环节要井然有序，一切以演出大局为重。另外，要合理安排演职人员，导演、置景、灯光、音响、配乐等都可在老师的带领下，由学生承担，直至可以独立完成，这也是对学生综合能力的锻炼提高。

（六）范例

诗歌朗诵《读李白》

第一部分：初识李白

老师：上课，起立。同学们好，今天我们的语文课要带大家一起来领略古诗词的魅力。有同学问了，诗词作为中国传统文化，我们为什么要学习它呢？

学生 A:（举手）老师老师，我知道。我的爸爸妈妈告诉我学诗可以陶冶情操。

学生 B:（举手）我也知道！我也知道！您告诉过我们“腹有诗书气自华”。

学生 C：所以老师，我们一定要多读诗，读好诗。

老师：对，你们说得对。今天我们就一起走进唐朝诗人李白的诗歌中，去感受诗仙李白的潇洒自在。

第二部分：走近李白

老师：君不见黄河之水天上来，奔流到海不复回。
君不见高堂明镜悲白发，朝如青丝暮成雪。

学生：

人生得意须尽欢，莫使金樽空对月。
天生我材必有用，千金散尽还复来。
烹羊宰牛且为乐，会须一饮三百杯。
岑夫子，丹丘生。将进酒，杯莫停。
与君歌一曲，请君为我倾耳听。
钟鼓馔玉不足贵，但愿长醉不复醒。
古来圣贤皆寂寞，唯有饮者留其名。
陈王昔时宴平乐，斗酒十千恣欢谑。
主人何为言少钱，径须沽取对君酌。
五花马，千金裘，呼儿将出换美酒，与尔同销万古愁。

老师：同学们，读完全篇，你们知道，我们为什么要学习李白的诗了吗？

学生：

读诗若少了李白，就少了一分豪气。
读诗若少了李白，就减了三分情义。
读诗若少了李白，就丢了七分月色。

老师：哈哈，没错孩子们！所以啊，读诗，必读李白！

学生：读诗，必读李白！

第三部分：再读李白

今天，就让我们静静聆听他的诗歌，感受他的情怀。你们看，他的诗那轮高挂的明月是白玉盘，还是瑶台镜？

学生：

小时不识月，呼作白玉盘。
又疑瑶台镜，飞在青云端，
仙人垂两足，桂村作团圆。
白兔捣药成，问言与谁餐？

学生 A：老师，你瞧！他笔下那奔泻而下的瀑布就呈现在我们眼前。

学生：

日照香炉生紫烟，遥看瀑布挂前川。
飞流直下三千尺，疑是银河落九天。

学生 B：你们听，他诗中那一地雪白的月光唤起了多少游子的思乡绪。

学生：

床前明月光，疑是地上霜。
举头望明月，低头思故乡。

学生 C：他的诗中还有浓浓的友情，那桃花潭的水，纵有千尺深也比不上朋友送他的情意深！

学生：

李白乘舟将欲行，忽闻岸上踏歌声。
桃花潭水深千尺，不及汪伦送我情。

老师：所以同学们，我们读诗，必读李白！

学生：

读诗，必读李白！
读诗，必读李白！
读诗，必读李白！

（七）思考题

1. 如何理解朗诵表演？

2. 音乐、化妆、道具等辅助手段，对朗诵表演有帮助作用还是会带来过多干扰，影响朗诵的语言主体？

第五节　高级组活动组织策划

12—15 岁年龄组的少年，无论智力发育，还是语言能力、人际交往能力、自我展现能力和思维活动能力都更加成熟，语言表达、行为举止更加接近青年人，逐渐向成年人靠拢。语言活动，尤其是朗诵艺术，对他们来说显得更加有意义。设计策划出适合这个年龄段少年的语言活动，无疑是对他们天性的释放。富有感染力的表演过程，本身就是对他们思想情操、艺术审美的熏陶和教育。

一、体育比赛解说

（一）活动概述

体育比赛解说是比赛项目的重要环节，无论是校园运动会的主持解说播报，还是电视节目播报，都可以很好地弘扬正能量，促进多元化体育赛事向着更加时尚、更加娱乐、更加快捷、更加多元的领域迈进。体育解说是解说员通过现场看到的场景或电视播放的画面结合文字等手段对比赛以及相关活动进行描述、分析、评论、预测和烘托等的一种播音过程。体育比赛解说对语音面貌的要求可能不是最高，但对于这个年龄段的孩子来说，在语音清晰程度、唇齿力度、声音口腔控制、思维反应等方面都有挑战性。带着对体育和语言学习的双重热情，设计策划此项活动。

（二）活动目的

感受体育解说员的语言风貌——个人说话方式独具个性、风格各异，掌握体育解说语言的规范性、感染力、娱乐性。

（三）活动要求

解说是体育赛事中传递信息的主要媒介，解说员的基本素质和播音主持风格，在很大程度上影响着受众的感受。解说训练要经过长期实践磨合，要培养良好的体育专业基本素质，最终形成自己的风格，注意解说前期对体育项目的熟悉了解、比赛规则的熟练把握，尤其是对自己不擅长的项目，要有一定的熟悉过程。

（四）注意事项

体育解说需要做到一次性成功，这就必须做好充分的前期准备工作，对背景做到了如指掌，只有这样，才能最大限度地降低错误的发生率，有针对性地提高解说水平，避免在解说过程中遇到麻烦。

（五）教学指导

要充分了解各项赛事的规则，从最简单最大众化的赛事入手，开始前对画面、耳麦等设备做好测试工作；在全场的解说中，要安排好什么时候多说、什么时候少说、什么时候不说，做到详略得当、张弛有度，这也是一个较为基础但又十分关键的技能，除了基础技能以外，对于中华传统诗词在比赛解说中的运用也格外重要。

（六）范例

1. 校园体育活动解说

运动会入场式：青春，是他们的代名词；阳光，是他们的新名片；向上，是他们的新称号。踏着矫健的步伐，迎面向我们走来的是蓝天方队，文明礼貌、活泼开朗，是他们的风采！昔日懵懂少年郎，今朝展翅欲飞翔。此刻，迎着朝阳，沐浴着阳光，他们正昂首向前，意气风发，今天，他们将赛出水平，赛出风格。

2. 电视解说案例

射击比赛：在射击女子10米气步枪比赛中，随着中国选手杨倩最后一次扣动扳机，东京奥运会首枚金牌被中国姑娘收入囊中。经历了烈火灼心般残酷的决战之后，这个出生在千禧年夏天的中国姑娘笑了！她高高举起10斤重的步枪，宣示自己的胜利，“除却君身三重雪，天下谁人配白衣”。我们惊叹于这位“00后”小将的淡定从容和沉稳大气，更喜欢她的率真与可爱。

四人双桨：中国女子四人双桨组合陈云霞、张灵、吕扬、崔晓桐让中国时隔13年再次登上奥运赛艇的最高领奖台，在转播的高空俯视镜头中，我们看到姑娘们齐心协力奔向终点，一马当先、格外轻盈，人在船上、船在水中、人船一体，协调感、节奏感、速度感交织在一起，赛艇运动别样的美感跃然眼前。多了一些“一棹逍遥天地中”的潇洒，这份“潇洒”源于日复一日训练中建立的默契，源于对队友无条件的信任，源于对运动的极致追求。

（七）思考题

1. 体育活动的解说状态应该如何调整？
2. 电视解说和校园体育活动解说有什么区别？

二、辩论赛

（一）活动概述

12—15 岁是半成人化的年龄段，这一阶段的少儿具备一定的思想认识，对世界、事物有自己的认识和看法，对社会问题、社会现象有讨论和评判的基本能力，辩论赛所需要的积极思考、互相配合、逻辑思考以及语言表达等能力逐渐成熟，这样的活动对于语言的综合运用训练是非常有效的。教师可组织正反两支队伍，分别由一辩、二辩、三辩辩手和队长组成，确定一名辩论赛主席。要规定正反双方 4 名辩手发言的次序，规定好发言时限，确定辩题、正反双方和比赛规则。辩论赛主席掌握时间、辩题，确定辩手辩论次序，掌握比赛规则。规则可从以下几个方面来确定：观点鲜明，论证充分，引证恰当，分析透彻、严密；表达流畅，发音准确，用词得当，层次清楚，逻辑严密；反应灵敏，回击有力，配合默契，表情丰富，仪态端庄，风度优雅等。

（二）活动目的

培养语言表达的逻辑力、震撼力、说服力，确保语言面貌的稳定性，提升学生现场应变能力、语言的及时组织能力以及对观点的把握能力。

（三）活动要求

要求辩论有思想、有高度、有热情，能够在情感上带动评委、观众，语言逻辑要连贯有说服力。组织工作要严谨，学生在正式辩论前要经过多回合演练，对辩题做深入剖析，做到心中明晰对方的观点。只有深刻分析，表达观点才有针对性，只有做到脱稿，语言才有感染力。

（四）注意事项

首先应该注意的是时间问题，辩手要有一个很好的时间观念，一定要在规定的时间内尽可能完整地表述出所要表达的意思，突出重点；辩论赛过程中，一定要以团队为核心，要讲究团队配合，不要以个人为中心。如果有一个队友回答得不好，一定要先帮队友完善内容，再进行自我陈述。

（五）教学指导

辩论赛最重要的是条理清晰，论点明确，善于从对方的论据中找漏洞；发言语气强弱分明，无形之中给对方心理施压，增强团队的信心；注意有理不在声高的道理，语言既要幽默风趣，又要有礼貌，不要吝啬赞美别人，和别人交谈时态度要认真，说话时要双眼直视别人的眼睛，这样给人一种真诚自信的感觉，一定要注意语言是经过思考而出的，切忌口无遮拦。

（六）范例

辩论赛句式：

1. 我方始终坚定在辩题之内，请对方辩友不要跳出辩题之外，徒增疑问点。

2. 面对这样的真知灼见，对方辩友至今未能幡然醒悟，正好比雨过天晴却仍静坐茅庐听风雨，不愿接受真理的光辉。

3. 因为对方辩友的支持，相信我方阐述的论点会更容易被大家理解，非常感谢对方辩友对我方论点的支持。

4. 再华丽的辞藻也掩饰不了错误的语言，再动情的诠释也遮盖不了真理的光芒。

5. 请对方辩友不要刻意回避问题本身，你所主张的意见与大家谈论的辩题相差甚远。

6. 感觉对方辩友不敢正面回答我方问题，躲躲闪闪总是犹豫什么，还是你们的观点无法面对现实。

（七）思考题

1. 怎么进行辩论比赛的赛前资料准备？

2. 举办一场辩论赛最主要的难点是什么？请列举出来。

三、模拟采访活动

（一）活动概述

青少年参与模拟社会采访报道活动已屡见不鲜，围绕这一实践活动，设计青少儿语言表达教学活动，是训练青少年判断事物能力、发现新闻能力、语言能力以及培养其基本新闻素养的有效方法，能够综合检验孩子认知世界、语言表达、逻辑思维和即兴应对能力。活动策划重点在于给孩子身临其境的职业体验感，同时帮助孩子锻炼心理素质和接触社会的胆魄。

（二）活动形式

根据活动性质设置活动主题，准备采访提纲。采访活动可能是一个会议，一个植树活动，也可能是纪念缅怀革命先烈活动……无论什么活动，孩子们都要提前对新闻事件有基本了解、有自己的判断，要做好资料的收集，小到新闻发生的时间、地点等，大到新闻事件的来龙去脉。孩子们在这些活动中，可以快速形成自己的采访计划，明确报道主题，采集加工材料，做好采访记录，撰写新闻稿件，形成可供现场报道的文稿或录音报道文字。

（三）活动目的

现代新闻采访活动包含现场报道，引导孩子们体验模拟采访，让他们感知新闻报道是如何制作的。活动旨在锻炼青少年从客观实践中采掘新闻材料的能力，提高青少年新闻写作或制作水平。通过锻炼，“小记者”的新闻采访能力也一定会有不小的提高。

（四）活动要求

要根据活动内容和性质安排采访计划，在老师的协助下拟定新闻采访提纲，要引导孩子学会敏锐地抓住新闻事件中最有典型意义的事实，并把它突出地表现出来，不可不分轻重，眉毛胡子一把抓。比如采访一个人物，我们要善于抓住其最突出最感人的事例；如果采访一个事件，引导孩子抓住最重要的事实等，这些都有赖于老师的精心指导和帮助。

（五）注意事项

“小记者”要熟悉提问方法，如引导式、迂回法等，重点关注采访者感兴趣的点，为采访的深入打好基础。要对采访时长进行把控，一般控制在三分钟左右。“小记者”要选择合适的采访对象，在观察后对其进行礼貌询问，采访前进行简单大方的自我介绍。

同时，“小记者”应注意采访着装，注意观察受访者的表情、倾听受访者的语调等，做到在合乎情理的情况下及时反馈；要对被采访者的回答进行简单总结，提问内容应该尽可能简洁通俗，角度要小而具体，问题和问题之间应该层层递进。

（六）教学指导

在学生对环境、背景有较为全面认识的基础上，现场报道还需要训练他们表达出自己的所见所感。老师先引导孩子们说出自己对现场环境的感受，可以就孩子没有观察到的细节加以提示或点拨，帮助孩子们全方位、多角度地观察环境和人物。在现场报道时，孩子们的肢体可以稍稍放松，不要过于紧绷，做到自然、端正即可。在需要做手势时，要落落大方、自然流畅。现场报道训练是一种身临其境的训练方式，在真实的场景中，对孩子的心理素质有一定的要求。现场报道不像演播室中有既定的稿件，要孩子们一丝不苟地完成，而是更大程度地检验孩子的快速识稿能力、语言即兴组织能力、口头表达能力。在条件允许的情况下，教师不妨组织孩子们进行多次现场报道训练，也许他们的表现能够给我们带来无限惊喜。现场报道训练需要孩子们对现场的环境有大致的了解，在准备环节，可以先问问孩子们对现场的了解程度，再由老师或讲解员补充必要的背景知识，这样可以帮助孩子们更好地认识当前环境，更便于他们建构思维、整理报道语言。

（七）范例

小学生对校长的采访

小记者：“校长好！”

校长：“你们好，请坐。”

小记者：“校长您好，今天我们有60多名小记者参加此次明星小记者大赛，通过这次比赛我们将选出一部分同学参加市里的决赛，您能对他们说一些建议和鼓励的话吗？”

校长："这是我们小记者第一次大规模地参加比赛，这次比赛给我们提供了舞台，是对我们很好的锻炼，但十分遗憾，我由于工作太忙，没有亲自去看同学们的比赛。我希望通过这次比赛，推选出优秀代表，取得好成绩，为我们河西小学增光添彩。让小记者走出校门，走向社会，写最好的文章，拍最好的画面，把比赛看作展示自我的舞台，勇敢地去飞翔！"

小记者："谢谢校长。那在您的心目中，好学生是什么样的？怎样做才能成为一名优秀的小学生呢？"

校长："我心目中的好学生一定要做的有以下几点。第一，尊敬父母，有感恩之心。俗话说，'百善孝为先'，对我们来说就是要感谢父母，因为父母给了我们生命，给我们提供了衣食住行。这是孝心。第二，要热爱学习，因为小学生的主要任务就是学习，要把成绩搞上去，掌握知识。小学为中学打基础，中学为大学打基础，大学为我们在社会上的生存打基础。学习将伴随我们一生，一定要让学习成为第一动力，因为学习将对我们起到巨大作用。第三，文明向上，健康成长。向上就是一种理想、希望，要有明确的学习目标，为中华之崛起而读书。小学正是长身体的时候，一定要多锻炼，身体乃万事之本。第四，乐于助人，善于帮助别人，有集体观念。"

小记者："谢谢校长。请问学校教育最重要的工作是什么？"

校长："是学生们的安全，学校的安全大于天。只有在安全的条件下，学生才能德、智、体、美、劳全面发展。"

小记者："谢谢校长接受我们的采访。"

（八）思考题

1. 遇到不配合的采访对象怎么办？
2. 采访对象表述跑题该如何解决？

第六节　网络语言活动设计

网络语言活动适合于9—15岁年龄组，这个阶段的语言活动设计，更加注重提升孩子的说服能力以及辨析能力，重在临场表现。在活动设计上，老师不再拘泥于一些简单的知识技巧，朗诵和表演也不再只是情感的简单流露，而是要注重启发儿童从内心出发表达真情实感，这就要求教师掌握一定的技巧和方法，训练孩子们的思维拓展能力。网络语言活动，正是个人高情商快反应的集中体现，通过参与活动，可以锻炼孩子处变不惊的气度和不惧实战的风度以及个人的辩答能力。

一、体验小主播

（一）活动概述

这个活动召集有专业优势的6—8名孩子，通过实地观摩学习融媒体中心的实际运行，感受一个节目或一项活动的策划、组织、协调、主持等工作。

（二）活动目的

融媒体中心是传统媒体走向转型的重要标志，在各类大型活动中，均有亮眼的表现，使用越来越广泛。通过参观学习，让学生了解新型媒体工具的使用，体验主持人对个人综合能力的运用，这对节目的整体运行至关重要。此次活动的重点在于了解融媒体中心节目的制作流程，引导孩子正确使用手机媒体，培养孩子对媒体行业的热爱和向往。此外，活动对于语文应用文的写作也有较好的促进作用。

（三）活动要求

活动对象应是9—12岁的儿童，学习参观时间与所选择的直播活动相吻合。对直播活动的选择，应以孩子感兴趣、可接受为标准，比如少儿节目、旅游节目等。作为节目的观摩嘉宾，孩子将参与节目的整体过程记录下来，作为课后体验总结讨论依据，感受多媒体直播节目的神奇。参观结束后，让孩子和家长一起开展讨论。在这次难得的青少儿语言表达体验教学过程中，教师对孩子的语言表达能力、认知水平应有较全面的了解，应在完成基础课堂教学的基础上设计完成此活动。

（四）注意事项

参与这次活动的孩子应全面掌握新媒体、融媒体节目主持等内容，能够较好地完成前面几个章节的基本课程活动。

（五）教学指导

应在孩子学有余力的前提下，策划安排这项活动。活动应安排在孩子精神状态较好、融媒体中心有适合的直播活动项目的周末进行。要明确融媒体和传统媒体的不同，融媒体不是具体的某种工具，而是数字信息化的媒体形式。

（六）范例

活动地点：陕西融媒体中心

活动主题：参观生活频道节目录制现场，了解“我爱我的家乡”大型融媒体直播活动预演情况，感受现代技术进步的神奇魅力。

活动内容：感受坐在主播台是否紧张，怎样克服紧张感，节目流程是否与自己事先的设想一致，认识到一个成功的节目背后，精心策划制作过程的重要性。在参与节目时，应重点关注节目文案中内容的编排。对于节目的前期策划，应重点关注节目宗旨、节目定位、节目形态和受众。在节目形态方面，主要关注主持人语言风格、节目对孩子学习成长的启示。

融媒体中心和传统电视台不同，其关注点是观众的收看偏好、收看是否便捷、融入的技术成果、对原有节目的整合创新、是否符合观众对媒体的使用习惯。

（七）思考题

1. 节目录制现场如何做到舒展自如？

2. 通过小主播参观活动，让你最受触动的是什么？

二、线上汇报演出

（一）活动概述

随着网络技术的广泛普及，线上的各种活动越来越频繁，将汇报演出与网络结合，是一项检验学习成果的新兴方式。线上汇报演出适宜家长孩子共同参与，让事先编排的完整节目，通过网络平台得到及时完美呈现。

（二）活动目的

学生的自我表现通过直播平台的传播，可以使孩子们的表演热情获得较大鼓励。对线上平台的选择应本着常用和容易操作的原则，软件尽可能选择大平台，大平台相对容易操作、画面清晰、体验感好、网络流畅。腾讯会议、腾讯课堂等都可以用来做简单的活动安排。

（三）活动要求

老师应引导孩子多进行自我突破，涉猎更多节目类型，让表达状态更加松弛、舒展，为节目主持学习奠定基础。一般建议活动组织6—8个孩子即可。教师在准备时，应有较多相应主题的演示文稿（PPT）和不同风格流派的音乐，营造演出的整体氛围。

（四）注意事项

活动可设置阶梯式篇章，不同节目主题分别设置不同的活动单元，结合活动内容进行设置，将活动和语文学习相结合。如不打算直播，可录制视频进行展演。教师应尽可能地控制好线上汇报演出的演出时长，及时组织家长对活动进行评价总结。

（五）教学指导

线上汇报演出节目要尽可能化繁为简，避免人数过多、不易操作的节目类型，多选择喜剧类、配音类等类型的节目，比如双簧、单口相声、对口相声、模仿类表演等，老师可根据孩子的具体情况有针对性地安排节目，选择合适的平台，进行直播或录播。

（六）范例

单口相声片段①

谢谢，感谢你们，人家刚才那演员在上头的时候，你们在那，又鼓掌又喊好，又打雷又打闪，怎么我一上来，晴天了。

对对，你这样多好，要不然我一上来我都不好意思说话，我怕影响您休息，可能您也纳闷，怎么我自己来了。跟您说句实话，实在是没人愿意跟我搭了，因为他们都说我慢性子，嫌我说话慢，人家都演完了，我还没张嘴呢。我倒不理会这个，爱搭不搭，我这个人永远就是这样，穿别人的鞋，走自己的路，让他们找去吧。

其实我也不愿意跟他们一样，他们有的相声演员一上来就给你们背吉祥话，为了烘托气氛，从一背到十，什么一帆风顺、二龙腾飞、三阳开泰、四季平安，我不背这个，我记不住。

其实我小时候，我就跟我妈说给我找一个老师，我想学相声，但我妈不同意，她

① 整理自周培岩单口相声《慢性子》。

说你别学那个，你性格太慢说话也慢，你干不了那行，我们全家就我爸一个人支持我，为这事我妈还老跟我爸吵架，有一回给我妈惹急了，我妈这手捏着自己的鼻子，这手端着一瓶“敌敌畏”，冲我爸就说了，告诉你，今天我就让你尝尝失去亲人的滋味，说完就把“敌敌畏”灌到了我的嘴里，当时我还问我妈，我说妈你灌我嘴里头，你捏你自个儿鼻子干吗呀？她说，我不喜欢闻这味儿。

直到前两天我才知道，那“敌敌畏”其实是“藿香正气”，她要早告诉我多好，这么多年了，我一直以为我这脑子里有“敌敌畏”，要不然干什么都慢，什么都赶不上趟。

（七）思考题

1. 汇报演出活动与线下活动有什么不同？
2. 自己给自己的表演打几分？

三、创意故事短视频

（一）活动概述

短视频消费的增长，是移动时代到来的结果。近两年，短视频消费呈现快速发展态势。短视频在近年来的快速发展，成就了青少儿语言表达教学活动移动时代的来临，使得青少儿语言表达教学活动成为一种常态化表达方式。

（二）活动目的

该活动力度更强大，使得语言功能当中的视频和文字具有直观影响，可以嵌入孩子们的头脑中。当孩子们看到自己的视频时，会感觉更新奇、更有趣味，新形式带来的新鲜感扑面而来，可以增强他们的学习兴趣，这也是短视频的优点之一。此外，该活动可以更灵活地传达节目形象和表演效果，给人留下深刻的印象。活动能让同学们体会多方共同协作的集体智慧，而不是孤军奋战。

（三）活动要求

创意故事短视频针对较成熟、表现欲较强的孩子。故事是孩子最熟悉的内容，更容易在短视频中表达出来。学生在视频内容上可以对家庭故事进行艺术化创作，也可以根据自己喜欢的故事进行创编，选取经典片段融合各自学习生活，最终形成短视频的内容。

（四）注意事项

故事要注意贴近生活，切忌不适合孩子的鸡汤式、煽情式内容。注意短视频的录制要符合影像镜头的特征，孩子的肢体动作、面部表情不宜过多、过夸张，主要呈现孩子童真的一面。在故事的表达中，要注意情绪的变化和对象感的表现。

（五）教学指导

教师也可以选择合适的形式进行拍摄，记录不同阶段孩子的成长，用孩子喜欢的风格创作，在每一个重要时刻记录孩子生活学习的点点滴滴。拍摄后及时和孩子一起观看总结。

（六）范例

苏格拉底的苹果①

几名学生向苏格拉底请教人生的真谛，苏格拉底带他们到自己的苹果园。

“你们各自顺着一行果树从这头走到那头，每人摘一个自己认为最大最好的苹果，不许走回头路，也不许选第二次。”

过了一会儿，苏格拉底在苹果园的尽头问已经完成了的学生：“怎么样？你们对自己的选择满意吗？”学生们你看我我看你，不肯回答。

苏格拉底再次问：“你们满意吗？”

“老师，再让我们选一次吧！我刚进果园时就发现了一个又大又好的苹果，但我想找更大更好的，可是直到林子的尽头才发现第一次看到的是最大最好的！”一名学生说。

“我和他相反，进林不久我就摘下一个最大最好的苹果，可越走越发现比我手里的苹果更大更好的苹果还有很多。老师让我再来一次吧。”

所有的学生都说：“让我再选一次吧。”

苏格拉底坚定地摇摇头：“没有第二次选择，人生就是如此。”

（七）思考题

1. 镜头前如何自然表达？

2. 拍摄之后对故事有什么新的认识？

---

① 刘桂生 . 云卷云舒 绕过生活小暗礁［M］. 沈阳：辽宁少年儿童出版社，2004：20.

四、角色扮演短视频

（一）活动概述

这个活动可以激发孩子对于知识的渴望，通过角色互换的方式感受其他职业的神圣和伟大。活动可选择 8—12 岁孩子，但不局限于这个年龄段，只要是有意识去表现职业特征即可。活动以当老师为例。

（二）活动目的

这项活动并不复杂，操作较容易，之所以采用短视频的方式，是为了让孩子有一个直观感受，认识到做老师必须掌握全面的综合能力，如何讲述学生才能够听得明白，掌握得具体。活动也可使同学之间形成互帮互学的氛围，开辟以同龄人的口吻方式接受知识的新渠道。最终目的是促进教学相长，取得进步。

（三）活动要求

内容设置不要太难，选取某一章节的某一片段进行讲述即可，但要以短小精悍为原则，请家长或其他孩子熟悉的人来完成视频内容，老师应尽可能指导学生如何表达。

（四）注意事项

在表达时注意准确用词、多说短句，老师尽可能将孩子的表现全程记录下来，以做最后总结。切记，不要一味引导孩子去模仿老师讲课，要鼓励孩子多进行自我表达，展示自己。

（五）教学指导

教师尽可能讲清楚职业的区别和素养，让孩子对职业特性有所了解，对于角色扮演的表现进行适当讲授，在这个过程中对学生进行真善美的正确引导。

（六）范例

在青少儿语言表达中，词语的使用和选择尤为重要，胡乱造词和用词不当是最经常出现的情况。

请大家看看，以下三个案例，错在哪里？

随着社会的发展，假货越来越流行。

燃放鞭炮是我们纪念“年”的一个重要手段。

我身后这些学子每人都拿着一个进入考场的准考袋。

语言是用来交流的，传递的是表达者的思想。即兴评述中最忌逻辑混乱，前言不搭后语，说话层次不清、颠三倒四。

再请大家看看，以下三个案例，又错在哪里？

在我的身后就是719列车倒塀现场。希望这次小灾难不会带来更大的灾害，大家看，在我的后方，列车瘫倒在地。后面的继续报道我们也将持续地跟踪。

我们建军七十周年了，我们要对老军人致敬。

满载医护人员的专机抵达济南遥墙机场，飞机穿过“水门”，停在停车场。

还有一些简单的案例，如请纠正爸爸妈妈的普通话，帮助他们正确使用气息；请听一听爷爷奶奶说绕口令，发现他们需要改正的问题等。

（七）思考题

1. 通过职业体验，有什么感想？
2. 你在活动过程中发现自己有哪些不足？

结语

以上是少儿语言活动设计的基本样式，其实，在青少儿语言表达教学实践中，除了常见的活动项目外，还派生出多种多样的活动形式。活动形式多种多样，不拘一格，为青少儿语言表达教学活动增添了丰富的色彩。此外，活动策划还可以列出活动案例（写范例）、语言技巧（内容分析）、具体活动方案，活动结束还可以布置活动作业等。总之，语言活动策划，一定要围绕理论教学进行，配合教学进度合理安排活动内容，不可另行一套，孤立运用。青少儿语言表达教学活动设计灵活性较强，要因地制宜，按照现有条件组织实施，切忌不切实际的、华而不实的活动内容，以免背离语言艺术的初衷。我们的目的是丰富教学内容，提高教学水平和质量，通过各种演出活动当众锻炼孩子们的胆量，提升其语言艺术能力，使他们体验到成功的喜悦、增强自信心，推进他们对语言艺术的喜爱。愿每一个孩子都能实现自己的梦想。

第六章 网络信息技术环境下的青少儿语言表达教学

☞ **本章学习目标：**

1. 熟悉青少儿网络信息技术教学特点。
2. 掌握网络信息技术环境下的教学策略。
3. 通过网络信息技术环境达到互动教学目的。

在网络环境与信息技术的发展与支持下，多媒体设备和电子信息技术为青少儿语言教学提供了巨大的便利条件。利用网络环境的特点和优势，科学的教育方式加上信息技术的支持，不仅可以有效提升教学效率，而且可以促使学生更加直观地感受学习任务和学习目标，进而达到良好的教学效果。

本章关注网络环境下如何开展青少儿语言教学，分析如何适度应用网络信息技术，以拓展学生知识范围、激发学生学习兴趣，通过介绍青少儿网络环境教学策略，以案例探讨如何在网络环境下完善教学设计，进行信息技术环境下的青少儿语言表达教学。

网络信息技术环境下的教学模式以学生为中心，多媒体和网络技术提供了界面友好、形象直观的交互式学习环境，有利于激发学生的学习兴趣和协商会话、协作学习的能力，并能借助网络及多媒体提供的图文声像并茂的多种感官综合刺激，进行课堂情景创设和大量知识的获取。与传统教学相比，网络环境教学更有利于优化课堂教学结构、方便教师授课和学生学习，弥补了传统教学中媒体的不足，丰富了现代教育技术的内涵，为课堂教学注入了活力。

随着多媒体网络教学的不断深化，多媒体要向交互式非线性方向发展，互动式多媒体的出现为青少儿语言表达教学带来了全新的教学方式。青少儿语言表达教学的课程主要由播音、主持、表演、思维训练等理论技巧及应用的内容构成。教师掌握网络环境下的语言表达教学技能，可以更好地将相关内容传授给学生，而学生则可以通过此类课程的学习，更快地学会相关技巧，更好地提升语言表达能力。

第一节　网络信息技术环境与青少儿特点概述

多媒体和网络技术能提供界面友好、形象直观的交互式学习环境，有利于激发学生的学习兴趣和进行协商会话、协作学习的能力；能提供图文声像并茂的多种感官综合刺激，有利于情景创设和大量知识的获取与保持。在课堂上，教师通过多媒体屏幕向学生展示文字、图片、电影、动画等，能够有效地帮助学生理解教学内容，学生还可以利用网络资源，主动地搜寻、筛选信息，在教师的指导下完成知识建构。

在不同的年龄阶段，人的心理是不断发生变化的，青少儿时期心理特点的形成是青少儿与所处的社会环境之间相互影响所产生的结果，是通过不断进行社会活动逐渐形成的。青少儿时期是人心理发展和成熟的关键时期，这个时期的儿童开始对社会现象和事物产生浓厚的兴趣，也形成了自己的一些认识和判断，慢慢地建立了自己的道德意识和社会责任感，形成了各种情感。这些情感不够稳定，会随着青少儿的成长发展不断成熟。在青少儿教育的教学过程中，教师首先要把孩子作为教学主体，不断了解青少儿的心理特征，了解他们的内心需求，这样才能更好地开发设计出符合青少儿心理发展的教学课题。教师要学会走进孩子的内心世界，和他们一样天马行空地幻想，不受约束地进行艺术想象和创作，运用数字化教学新思路，激发孩子的学习欲望，带动孩子课堂参与的积极性，达到寓教于乐的教学目标。只有这样才能选出真正适合儿童心理需求的数字教材，达到提高其学习兴趣的目的。

一、青少儿网络教学的特点

（一）青少儿的生理特征

生理特征是指人的身体机能和智力发育的基本情况。青少儿是人们成长发育的关键时期，这个时期，人的骨骼和肌肉组织发育非常快，通过各种运动可以促进人的身体健康发育。青少儿虽然身体机能处于快速发展阶段，但身体的控制力、灵活性和力量都还不够成熟，各种身体协调能力比较弱，需要通过各种锻炼来进行完善。青少儿时期也是人大脑发育的关键时期，大脑的发育直接影响人的智力发展水平。通过让儿童不断接触社会事物并接受各种反馈信息，对大脑进行适当的刺激能有效促进大脑发育。

（二）青少儿的认知特征

青少儿的认知特征是随着青少儿成长中不同环境的影响而逐步形成的，不同的青少儿对环境的刺激反馈是不一样的，每个人都有自己的认知水平和注意力。

1. 注意力

青少儿的注意力往往是不够稳定的，很容易分散，注意力的持久性比较短暂。在青少儿成长初期，孩子们慢慢对图片、影像等视觉形象产生浓厚的兴趣和好奇心，也会被声音等听觉方面的刺激所吸引，不断参与教学活动。

2. 记忆力

青少儿的记忆力有两个层面的表现：有意识记忆和无意识记忆。青少儿的有意识记忆是青少儿在对社会事物主观学习的过程中逐渐建立的，这种记忆在内容的完整性和记忆的准确性上还不够充分，需要经过不断地学习才能够进一步完善。无意识记忆在青少儿成长阶段占据主要地位，但随着年龄的增长，青少儿的主观能动性越来越强，有意识记忆慢慢发生变化，开始在青少儿记忆的发展中占据主导地位。

（三）网络环境教学

网络环境教学是一种先进有效的教学手段。它的主要特点，就是将传统的课堂教学以教师的教为中心转变成以学生的学为中心，充分发挥学生的学习积极性，使学生从被动接受知识变为主动获取知识，为学生创新能力和创造能力的培养提供必要的条件。

网络环境教学具有自主性。在网络教学环境下，学生不仅可以从网络获取丰富多彩、图文并茂的学习资源，从中选择他们所需的学习材料，而且可以根据自身情况，灵活地安排学习计划，真正成为教学活动中的主体。

网络环境教学具有交互性。在网络教学环境下，教师与学生、学生与学生之间可以就某个问题进行讨论，没有时间与地域限制，在这样的互动过程中，既获取了知识，又提高了学习积极性。

网络环境教学具有协作性。在网络教学环境下，学生在教师启发式、情境式等教学情节的引导下，可以通过小组合作进行学习，教师参与到学生的学习当中去，成为学生学习的引导者，更有利于学生的个性化学习与小组合作学习。

网络教学资源具有共享性。学生通过网络环境学习时，除了可以使用本校教师的教学资源，也可以在网上搜索大量其他教师的教学资源，通过比对，选择适合自己的资源来学习。同时，学生之间也可以相互沟通，共享优秀的教学资源。网络信息资源，对教学个性化的形成、学生创新思维的培养、实现教学观念的转变、促进课程改革与素质教育的发展都将产生重大而深远的影响。

（四）青少儿数字化学习

随着数字艺术的不断发展和创新，将数字艺术引入青少儿教学中，促进青少儿数字化学习势在必行。数字化学习是指学习者在数字化学习环境中，利用数字化学习资源，以数字化方式进行学习的过程，已经在学校、社会教育机构、家庭教育当中广泛使用。这种数字化教学方法使教学过程的互动性更强，教学内容更加丰富，教学形式更加生动有趣，能够充分整合教学资源、调动学生的积极性，营造课堂轻松的学习氛围。在教育实践上，教师可以把教学内容数字化，将多种数字化载体应用到教学当中，为教学工作的开展提供了更多的途径和方法。因此，将数字艺术贯穿到青少儿教育当中已经被很多教师和学生所认同，这一潮流是社会发展的必然过程。

随着网络信息技术的发展，越来越多的数字艺术可以通过网络进行传播、下载、分享，摆脱了传统教育资源受地域影响和运输时间上的局限性，可以随时随地地进行教学资源的数字化传送。这种数字艺术在传播上的实时性、快速性、准确性特点推动着网络教学的发展，势必成为未来教育的一种创新模式。在这种信息化、数字化教学模式的影响下，传统的教育模式势必受到冲击，传统的教育资源也将渐渐退出教育的历史长河，逐渐被替代。数字化教学模式可以解决传统教学中的一些教学难点，使一些不容易理解、枯燥无味的知识点通过影像、色彩、声音、图表等形式的设计，转化成具有趣味性的多媒体课件，用数字化教学形式灵活多变的功能，更好地让学生理解相关知识点，在转变学生学习心态的同时又将枯燥无味的知识点更好地分析传授，有利于提高学习效率。

数字化教学模式可以将声音、图像和文字动态化，使教学内容图文并茂、形象生动，能实现抽象概念直观化、微观概念宏观化的良好效果，这种全方位的教学刺激，可以更好地培养学生的思维，让学生头脑更加灵活。学生则能通过此类课程的学习，更快地学会相关技巧，更好地提升语言表达能力。

二、适度应用网络环境方法

在网络环境下，学生是信息加工的主体和知识意义的主动建构者；教师是教学过程的组织者、指导者、意义建构的帮助者；教材（教学内容）所提供的知识不再是教师灌输的内容，也不是学生知识的唯一来源，而是学生主动建构意义的对象之一；媒体也不再是教师传授知识的手段，而是被用来创设情境、进行协作学习、讨论交流，即作为自主学习和协作式探索的工具与情感激励的工具。

这不仅有利于学生的主动发现、主动探索，还有利于发展联系思维和建立新旧知识之间的联系。因而，其对学生认知结构的形成和发展，促进学生关于当前所学知识的意义建构是非常有利的，也是其他教学媒体或教学资源无法比拟的。

（一）建构网络教学环境

利用计算机多媒体的图文并茂、丰富多彩、立即反馈的人机交互特性，创建一个理想的教学环境，它能激发学生的学习兴趣，使其产生学习欲望、形成学习动机，摆脱一切教学活动都由教师安排好、学生只能被动参与的束缚。在这个环境里，学生可以按照自己的学习基础、学习兴趣选择所要学习的内容和适合自己水平的练习，并可确定学习策略。计算机的交互性所提供的多种参与活动功能，为学生学习主动性、积极性的发挥创造了良好条件，从而使学生能真正体现出学习主体的作用。网络教学提供的大量学习资源，制作与收录的影视、音像资源，可以以超文本的图、文、音、像形式展示在课堂上，使教学形象化，也可以放在学习网站上，让学生获得大量的感性认识，为上升为理性认识奠定基础，同时以部分地弥补教学设备的不足。

（二）掌握现代教育技术

媒体技术的先进性，决定了网络环境下的课堂教学方式，教师除具备传统的教学能力外，还必须熟练地掌握以计算机、网络为主的现代教育技术，具备使用相关软件制作教学需要的课件的能力，掌握网络传播知识。

教学环境具有复合性。网络环境下的课堂教学，组织内容包含网络学习资源，也包含文字教材学习资源；知识传授包括网络的传授方式，也包括口传耳听的方式；传播媒体主要有计算机、网络，也有录音、录像、投影等，这样就使网络环境下的课堂教学复合化，丰富了教学内容。

教师角色具有引导性。在网络环境下的课堂教学中，教师主要依靠计算机网络技术传授知识，传统的口传面授只会少量应用。教师必须以新教学理念适应新教学方式，在学生的学习中起到引导者的作用。

（三）提高实施网络课堂教学的能力

实施网络环境下的课堂教学，教师首先必须具备熟练掌握并合理运用现代教育技术的能力。其次，要具备教学设计的能力。在教学设计过程中，教师应体现新的特征，比如：指导学生的实践活动，体现学生的主体性，充分发挥学生的创造性和创新性。再次，教师应具备实施教学过程的能力。网络课堂教学应用了现代教学媒体，教学并不似传统的课堂教学那样注重讲授和答疑能力，而应注意现代教育技术在教学中的应用、教学情境的创设、学科的整合性以及对学生环境适应性和学习创新性的培养。

（四）培养学生网络课堂学习技能

新的教学环境要求学生具备新的学习技能。首先，学生必须具备一定的科学基础知识和现代教育媒体的使用技能。其次，要具备信息的获取技能，主要包括网上信息查询和检索的技能，以及远程登录、信息浏览、下载、整合使用等技能。再次，要具备信息加工处理技能。网络课堂教学，除教师向学生传授知识外，还安排学生上网获取相关信息，学生要将获取的网上知识通过电子文档、电子幻灯片等制作技术进行整合、处理，以便再用。

（五）存在的问题

网络环境下的课堂教学有它的优越性，也存在着一定的问题。

1. 教学内容问题

个别教师提供的学习内容太多或太片面，致使学生学习精力不足或跑偏。教师应注意网络只是教学的工具和手段，一定要明确教学目标，突出重点、难点，合理利用网络资源，掌握好课堂容量，才能提高教学效率。

2. 自主学习问题

教师减少了讲授时间，增加了学生自主学习的时间，而个别教师在学生自主学习过程中对学生自主学习不加引导。在网络教学中，学生是学习的主体，但教师不能忘记自己的引导作用。

3. 情感互动问题

思想教育功能在网络环境下如何体现？教师生动的讲述、影音资料的渲染、同学之间言语激烈的思想交锋等，都可以起到情感互动的作用。

4. 网络教学难以推广的问题

网络环境下的课堂教学对设备要求较高，学校没有一定数量的计算机、没有接入互联网就无法正常开展网络教学活动。

网络环境下的课堂教学创设了全新的教学环境，为学生的自主学习和合作探究提供了保证，体现了学生的主体地位，真正满足了因材施教和个性化发展的需求，为课程改革带来了无限的希望。与此同时，我们也不能盲目地否定传统教学模式，要合理地将两者有机结合，借助网络这个大平台，综合利用各种教学资源，结合教与学的特点，让网络环境下的课堂教学真正取得良好的教学成效。

第二节　青少儿网络信息技术环境教学策略

数字艺术由互动性所展现出的趣味性也是数字艺术的一个重要特点。正是基于数字艺术的趣味性特点，我们目前的教育模式才发生了巨大的改变，尤其是在青少儿教育的开展上。老师把传统的枯燥无味的内容，通过计算机的数字化处理，制作成以多媒体为载体的数字艺术，通过各种数字图片和影像，使孩子们充分发挥无限的想象空间，令教学变得富有趣味性。

一、教学技术应用策略

（一）传统语言表达教学的问题

第一，教学模式单一。在传统的教学模式下，青少儿语言表达课程的教学模式往往是理论知识与教材内容训练的重复性训练。“老师课堂讲解—学生学习练习—老师纠错—学生改正练习—课后展示汇报”是主要模式，在这种模式下学生作为被动接受者，通常把训练内容当作任务来完成，缺乏积极主动性，学生表达内容质量不高，无法达到良好的训练效果。另外，学生在课堂上进行内容准备，时间是短暂的，表达内容多数是在固定思维模式下的认知内容，也常常依赖老师的提醒与引导，很少经过资料查找与深入思考来进行内容表达。在这样模式下的反复训练，会让学生形成思维定式，语言表达流于表面，不做深入探究与思考，从而使表达内容缺乏广度和深度。

第二，课堂效率较低。传统青少儿语言表达课程训练形式通常以分组教学模式进行教学训练。为了保证课堂训练效果，每节课人数控制在8—10人以内。以每周上课一次，每次课程90分钟计算，除去教师的课堂指导与反馈，平均每个学生的课堂训练时间有限。尤其是当面对一些难度较高的训练时，学生会花费更多的时间去理解和准备，导致课堂效果无法达到预期，课堂效率较低。部分学生甚至会产生“没有学到知识”或者“不受老师重视”的想法，从而更加消极地对待课程训练内容。

第三，课程训练内容滞后。现阶段，全国大多数青少儿语言表达训练课程依托于大学播音与主持专业的理论体系，教材在播音与主持基础理论上根据青少儿生理、心理发育和认知特征进行编纂，这些教材都尽可能从不同的角度与方向对青少儿的语言表达能力进行训练和提高。由于传媒行业更新变化速度快，导致教材中的训练内容往往较为滞后。一方面，滞后的训练内容会使学生丧失对专业学习的兴趣；另一方面，没有体验与真实感受的滞后性训练内容往往会使学生感到与当下社会脱节，造成学生知其然不知其所以然的局面，使其走入无法举一反三的窘境。

（二）新媒体在青少儿语言表达课程训练中的作用

新媒体技术的出现和运用，给传统教学模式下的青少儿语言表达训练课程带来了新的教学思路与模式。借助新媒体信息内容的海量性与共享性、交互性与即时性，新媒体课堂教学有着传统课堂模式所不具备的优势。

一方面，在课堂上教师可以与学生共享最新教学信息资源，课前随时更新课堂讨论与练习内容，往往更能引起学生们的兴趣与表达欲望；另一方面，在课堂外通过新媒体技术与手段，教师可以将课程理论内容提前上传，让学生能够在课前进行预习与准备；通过新媒体技术，教师还能对学生课下训练情况进行快速检查，帮助学生纠错和提升。

这些新媒体的教学模式将青少儿语言表达训练从单一的课堂理论加材料的训练延伸到课外，结合当下最新社会资讯与信息资源，让青少儿通过自己的理解与感知，强化对专业内容的感知，加强对专业内容的理解与掌握。同时，新媒体技术可以使教师不受时间、空间与教学形式的限制，在互动中完成对学生的指导，也能快速得到学生的意见与反馈。这样既提高了课堂效率，又提升了学生的逻辑思维能力与语言表达能力，还调动了学生对专业实践的兴趣与主动性。因此，新媒体在语言表达课程中的作用十分重要，需要教师进行深入思考，明确如何利用好新媒体技术更好地服务于语言表达训练课程。

（三）语言表达教学方法的实践探索

青少儿语言表达离不开相关理论知识的指导。尤其是在新媒体发展迅速的今天，如何在冗杂、海量、多变的信息资源中找到适合孩子们需要的信息，将其转化为丰富的语言表达内容，合理有效地进行传播，背后离不开专业理论知识。在实际教学中不难发现，青少儿通常认为理论知识是枯燥无味的，他们更喜欢具体的训练内容，在训练过程中缺乏理论知识的指导，这会导致语言表达内容缺乏逻辑条理，表达方式方法欠佳的问题。因此，在教学工作中，教学思路与方法应将理论知识与实际训练更紧密地联系起来。

我们用一节青少儿语言表达的课程进行举例。

忆江南

〔唐〕 白居易

江南好，风景旧曾谙。日出江花红胜火，春来江水绿如蓝。能不忆江南？

江南忆，最忆是杭州。山寺月中寻桂子，郡亭枕上看潮头。何日更重游？

这首词在网络信息技术环境下该如何教学呢？

第一步：在说到这首词牌名的题目时，我们知道讲的是作者对江南美景的一种回忆和怀念，应该用什么方法导入呢？

通过给孩子们播放动画视频，对《忆江南》及其作者白居易进行背景解析，让孩子们知道这首词的创作背景，然后再进行知识点的补充。

动画视频是以图画动态化形式表现人物形象、戏剧情节和作者构思的影片。青少儿动画视频有教育性、知识性、形象性、简明性和天真性的特点。

教育性主要表现在动画视频有助于青少儿思想品德的形成；知识性侧重的是对青少儿智力方面的开发；形象性体现在角色塑造上；简明性主要体现在叙事上；天真性则侧重幻想在青少儿动画中的自由表达。分析并总结这些特点，有助于充分发挥动画在幼儿教育中的功能和作用。

老师可以通过爱奇艺、腾讯视频等渠道，为学生寻找权威的、专业的、可以体现教学内容的动画视频作为教学的辅助手段。

以《忆江南》这首词牌名为例，动画视频可以通过对本首古诗的作者、历史文化、名胜古迹的介绍让学生了解这首诗词的创作背景及作者简介。

“白居易（772—846），字乐天，号香山居士，又号醉吟先生，唐代三大诗人之一，也是伟大的现实主义诗人。说到这里呢，老师告诉大家，在古代，很多文人墨客大都喜欢一边饮酒，一边吟诗作赋，因为他们可以在酒中迸发写作的灵感。《忆江南》这首词牌名中的‘江南’究竟在什么地方？不同的朝代有不同的说法。现在一般指长江中下游，长江的南岸；白居易笔下的江南，指的是苏州与杭州一带。俗话说，‘上有天堂，下有苏杭’。自古以来，江南，就以它的美丽和富饶，吸引着一批又一批的文人墨客，他们游历江南，写下了大量歌咏江南的诗词。流传最广、影响最大的，还数白居易的这首《忆江南》。”

第二步：在理解的基础上如何帮助孩子们快速记忆呢？

这个时候，思维导图就派上用场了，如图 6-1。老师可以通过演示文稿（PPT），将提前绘制好的思维导图展示给学生，对这首词进行进一步讲解。同时，对于重点的字词解释一定要反复强调，以加深学生的记忆。

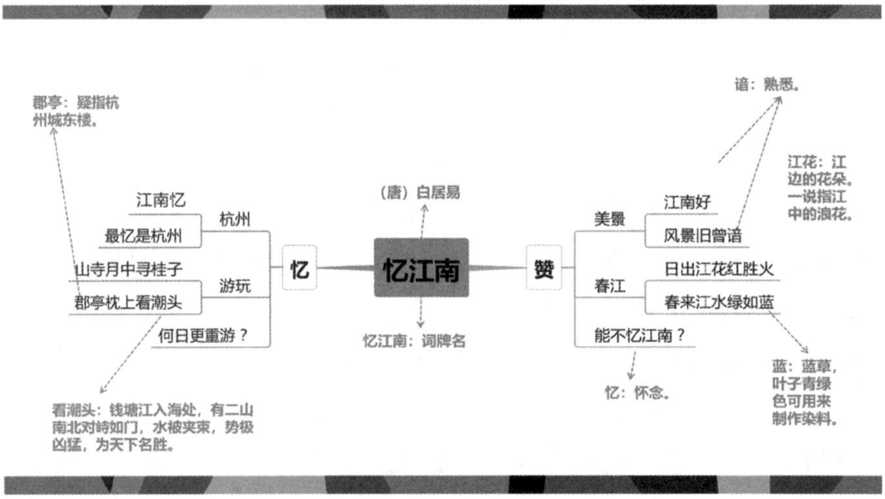

图 6-1 《忆江南》思维导图

PPT 将需要表达的内容直观、形象地展示给受众，它能让受众对表达的内容印象深刻并辅助对表达内容的理解。

一套完整的 PPT 文件一般包含：片头、动画、封面、前言、目录、过渡页、图表页、图片页、文字页、封底、片尾动画等。PPT 采用的素材包括文字、图片、图表、动画、声音、影片等。

由于人类大脑对图像、颜色等色彩鲜艳的事物记忆持久，加之青少儿阶段的孩子正处于逐步从形象思维到抽象思维的过渡阶段，因此，在授课过程中，制作和课程内容相关的 PPT 显得尤为重要。制作中需要注意以下几点：

第一，PPT 需要强调和突出重点。在制作 PPT 时不能将计划讲的语句或教材内容全部呈现，要尽量精简文字，提炼出关键信息。

第二，在设计 PPT 的过程中，页是最基本的单位，虽然不同页面之间的信息应该存在一定的关联，但每个幻灯片都是独自呈现的，因此，要注意用不同的字体、字号来呈现不同页码之间的逻辑关系。具体来说，标题和正文文字要有差异，同类文字设置要通篇保持一致，文字排列要有序。

第三，面向青少儿教学的 PPT 色彩可以鲜艳，但不要过于杂乱，一般而言，每页的颜色不要超过 3 种。可以用图片、图形等其他方式来呈现活泼、生动的效果。

第四，由于教学对象的年龄可能较小，因此在制作 PPT 时要避免出现全屏的文字。为保证教学时教室的不同位置都能清晰看到，应根据教学场地条件和 PPT 屏幕大小来适当调节字体大小。

第五，超链接是 PPT 制作中最常见的实现交互的方式，它利用内容跳转技术可以方便地实现从课件中的任意一个内容跳转到另一个内容，进而对课件内容进行重新组织，以满足不同学习者对教学内容和教学情境的需求，实现非线性传播。

第六，图片和视频是 PPT 展示中非常重要的辅助材料，可以帮助演讲者非常直观地展示画面，更生动地表达演讲者的想法，并且方便观众精准地理解演讲者所表达的内容。在插入图片和视频时需要关注插入位置与页面之间的大小比例及位置布局，确保美观。

第七，动画功能的适当应用能够使 PPT 页面中各种素材的展示效果更加生动，并能够在一定程度上反映素材之间的相互关系。在以青少儿为对象的网络教学过程中，能够更有效地吸引学生的注意力，提升课程魅力。

以《忆江南》为例，我们可以借助 PPT 对每句诗词以及重点字词进行解释；对朗诵技巧（停连、节奏、语气、重音、情景再现等）进行标注；同时运用思维导图进行讲解帮助记忆，可以快速让学生掌握这首词的背景并进入朗读状态。

“江南好，风景旧曾谙。”江南的风景多么美好，如画的风景久已熟悉。谙：熟悉。作者年轻时曾三次到过江南。

“日出江花红胜火，春来江水绿如蓝。”清晨日出的时候，江边盛开的花朵颜色鲜红胜过火焰，碧绿的江水绿得胜过蓝草。江花：江边的花朵。绿如蓝：绿得比蓝草还要绿。如：胜过。蓝：蓝草，其叶可制青绿染料。

“能不忆江南？”怎能叫人不怀念江南？

“江南忆，最忆是杭州。”关于江南的回忆，最能唤起追思的是杭州。

“山寺月中寻桂子，郡亭枕上看潮头。”月圆之时山寺之中，寻找桂子，登上郡亭躺卧其中，欣赏那钱塘江大潮。月中：月圆之时。桂子：桂花。

“何日更重游？”什么时候能够再次去游玩？

《忆江南》是唐代诗人白居易的组词作品。第一首词总写对江南的回忆，选择了江花和春水，衬以日出和春天的背景，显得十分绮丽，生动地描绘出江南春意盎然的大好景象；第二首词描绘杭州之美，通过山寺寻桂和钱塘观潮的画面来验证“江南好”，表达了作者对杭州的忆念之情。

第三步：分句示范讲解停连重音。先通过名家朗诵《忆江南》的视频让孩子找到停连的位置和重音，如图 6-2 所示。

忆/江南

（唐）白居易

江南好，风景/旧/曾谙。

日出/江花/红/胜火，春来/江水/绿/如蓝。

能不忆江南?

江南忆，最忆/是杭州。

山寺/月中/寻桂子，郡亭/枕上/看潮头。

何日/更/重游？（视频录制）

图 6-2 《忆江南》朗诵停连示意图

随着多媒体技术飞速发展，音视频资源渐渐被课堂教学广泛运用。它能把知识变得更加具体形象，教学内容图文并茂，并搭配声音动态地呈现在学生眼前，让学生加深对知识的理解与记忆。

老师在讲解课程的过程中，可将教学活动分为三个环节：第一环节是引出问题情境，让学生观看一些和教学内容相关的音视频背景介绍和名家朗诵，将其带入与教学内容相关的知识背景中，并提出将要探讨的一些问题；第二环节是感悟，要求学生看完视频或听完音频后在老师的启发下，由浅入深地分析提出的各个问题，明确结论；第三环节是表达，结合第一、第二环节的成果，老师可以让学生逐一或分组进行诵读。

我们对这首诗已经非常了解了，有了了解我们才能做到情景再现，才能把文字转换成感情，转换成画面。

江南好，风景/旧/曾谙。

读着这个“好”字，同学们会想起哪些江南的美景？这“好”字让我想起了关于江南的生活，桃红柳绿、莺歌燕舞、溪边浣洗、小桥流水、茶园风光、鱼米之乡、人杰地灵……道不完的江南美景，诵不完的江南诗词，白居易却只用一个“好”字来赞美！这个“好”字，用得多妙啊！所以我们在诵读中要读得豪迈洒脱，也要带着江南的柔美。这好“字”中，流淌着款款情深……

在讲解到这一句时，教师可以配合江南美景的图片，展示不同的江南美景，让孩子们再次对这句话加深理解。

日出/江花/红/胜火，春来/江水/绿/如蓝。能不忆江南?

读到这句的时候，请大家闭上眼睛感受，我们似乎感受到红红的太阳升起来了，远远望去，江面上一片橙色，江边的花朵鲜艳欲滴，我们看到了绿绿的江水胜过蓝草，悠悠地流淌，那是何等开阔而壮丽的景色啊！我们在诵读过程中“红胜火”采用实声诵读，“绿如蓝”采用虚声诵读。

在讲解到这一句时，我们可以在孩子们想象时配合小桥流水的乐曲，让他们感受动静结合的画面。

江南忆，最忆/是杭州。

这句话作者将镜头转换到杭州这个城市，为什么呢？原来白居易担任杭州刺史（相当于杭州市市长）三年已满，要离开杭州了。他为杭州人民留下了一湖清水，一道芳堤，六井清泉，200首诗。离开杭州的那一天，杭州人扶老携幼，提着酒壶，酒泪告别，白居易落泪了。虽然离开之后，白居易又去过很多地方，但是给他留下最深刻印象的是杭州。因此，我们在读这句话的时候要带着作者的回忆，“最忆”这两个字我们做重音处理。

在讲解到这一句时，我们可以配合离别时动态的沙画让孩子们感受依依不舍的感情。

山寺 / 月中 / 寻桂子，郡亭 / 枕上 / 看潮头。

作者在月圆之时的山寺之中，寻找桂子并登上郡亭躺卧其中，欣赏那钱塘江大潮。一动一静让我们感受到，江南不仅有桂花飘香的柔美，也有钱塘江涨潮时的雄伟壮观。我们在处理这句话的重音时要注意，“寻”“看”作为动词可以加重语气。

何日 / 更 / 重游?

最后一句，我什么时候才能再去游览呢? 这风景，是一段美丽的江南岁月！白居易深情地回忆着……这风景，是一道芳堤，六井清泉，白居易低低地沉醉着……这风景，还是一帮朋友，一方百姓啊，白居易痴痴地想念着……然而，通过史实我们了解到，白居易再也没有回去。因此，在这句话中，我们在处理重音时应该注意“更”这个字。

第四步：示范诵读。

老师可以根据这首词的创作背景和作者想要表达的情感，使用有声语言和体态语综合为孩子们示范。

在讲授这堂课之前，老师也可以利用新媒体如微信、QQ 等平台，将理论知识提前上传，供学生课前预习思考，这就解决了课堂时间不够的问题。

课上，老师既可以让学生直接发表对于理论内容的理解，又可以让学生自己举例印证理论内容，达到让学生主动理解掌握知识的目的。

通过新媒体手段，我们还可以在课下随时分享一些和本堂课有关的典型案例，让学生利用碎片化时间去进行理论知识的思考与分析，也能强化学生对理论知识的学习，丰富学生的知识储备。

专业理论知识是语言表达的基础，丰富的知识储备则是语言表达内容广度与深度的有力支撑。

新媒体时代，青少儿语言表达的内容越来越丰富多样，而他们的理解力和感知力又不同于成人，因此，教学中教师一方面要鼓励引导学生多阅读资料和书籍；另一方面，在当今新媒体环境下，要借助网络渠道让学生充分利用新媒体获取资源和信息，引导学生扩大知识涉猎范围，定期检查学生的知识积累情况。其次，在课下作业的内容选择上尽量选取一些知识面广而层次深的内容，增加训练难度，要求学生利用新媒体资源去搜集信息解决问题，这样也能够让学生在完成作业的同时提高自身的知识储备量。

二、网络环境下的教学互动

交互式网络教学是交互式课堂教学在互联网环境下的发展和延伸，其特点是依托目前最先进的网络和多媒体技术，真正实现教与学过程中的实时互动，其实质是信息传播。

（一）双向沟通的交互式学习

1920 年心理学家 F. H. 阿尔波特进行了在单独情境下工作效率的比较实验，结果发现面对相同的任务，在别人面前的行为效率比个人单独表现的行为效率高，这种现象称为“社会助长作用”。美国管理心理学家莱维特做过一次沟通实验来比较双向沟通与单向沟通的效果与功能。结果表明，双向沟通虽然在沟通速度上慢一些、工作的秩序差一点，但沟通的内容正确性高，对促进人际关系比较有利，接收信息的把握大。因此，大多数心理学家都推崇交互式学习，认为通过讨论，学生在解决复杂问题时的能力要远远胜过仅通过个人努力进行学习，通过对有争议的问题进行探讨，可以开阔学生的眼界，激发学生的思考，促使学生根据别人正确的观点来检验和修正自己的观点。协作学习不仅能使能力较差的学生学会如何学习、改进学习方法，还有助于学生发展良好的个性，增强凝聚力，形成良好的课堂气氛。

（二）网络中教学活动的交互特点

1. 开放性

网络是个庞大的信息交流平台，人们依托网络可以随时随地获取想要的信息和资源，网络教学活动为教师、学习者提供了一个开放的平台，在这个平台里，资源是开放的、思想是贯通的、交流是随时随地的。

2. 多元性

网络教学活动的交互可以实现学生个体之间、群体之间、教师与专家之间、教学资源之间的交互。

3. 多维性

由于网络的交互不受时空限制，学生可以通过实时或非实时的交流，在许多交互技术和交互工具的帮助下，获得丰富多彩的学习内容、轻松舒适的学习环境和便捷灵活的交流方式。

4. 灵活性

在网络教学活动中，学习者可以发表自己的观点并提出自己在学习中遇到的问题，参与各种议题的讨论。

（三）网络信息技术环境下的多媒体教学

将多媒体技术的软件应用于在线教学，可以增强学生学习的趣味性和交互性。教师可以收集有意义的短视频资料，建立视频教学的资料库，匹配与之相关的教学内容，也可以录制真人演示教学内容的视频，用于课堂中可以增强语言表达交流的真实感。教师也可以组织青少年儿童录制真人短视频，这类视频更能吸引学生的注意力，激发儿童的学习积极性。教师还可以利用动画软件制作动态画面，动画视频具有交互性强、画面配色丰富、观赏性佳、容量小、利于提高学生学习兴趣等优点。动画视频可以增强动态的视觉体验，辅助学生理解，增强教学中的交互性体验。好动、好游戏、好模仿等儿童心理特点促使教师加强交互式教学设计。

教师在网络教学活动中要注重教学方法，可以采用引导式或点拨式启发教学的方法，充分调动学生学习的积极性，引起学生的学习兴趣，在教学策略上可以利用多媒体技术提高学生与信息的互动效率等。教师在设计网络教学内容时，需要设计互动活动，让学生在做中学、在玩中学。多模态类型的配合使用在交互式教学中为学生提供了多感官的互动体验，尤其增强了青少儿的视觉体验。在教学设计中，可以利用课件、人物肢体语言、图片、教具等设计交互式教学，丰富线上教学的互动形式，增强线上教学的交互性。

教师可以引导学生和老师一起做一些简单的动作，例如跳舞，通过视频进行师生之间的肢体感应活动，也可以在简单的肢体运动中牢记词语的含义。在完成一定的动作之后，教师可以和学生进行情感上的互动交流，如击掌；也可以增设学生与课件的互动，比如教师和学生可以在互动教室内一起做一些汉语互动小游戏；还可以在教学中利用线下经常玩的中文小游戏，进行语言表达训练。学生在拥有一定的词语储备之后，可以进行线上的“你画我猜”活动，教师画画，学生猜词；也可以将内容进行延伸，改变游戏规则，由简单的词语输出变成句子输出；还可以进行“你演我猜”的活动，教师在课件中设置一个两人或多人的点名册动画，通过点击鼠标，滚动名单，再次暂停决定谁来演，演绎形式可以是借助身体动作来解释，让学生猜出平时课中出现过的句子或词语，先猜中词语，再猜动作连贯表达的句子。这些活动可以用于检测学生的语言表达能力。游戏既可以活跃学习气氛，又可以增进师生间的互动交流。互动游戏的设定也充分符合儿童喜爱游戏的心理特点。

随着青少儿社会认知能力的普遍提升，越来越多的家长已经认识到青少儿语言表达的重要性，优秀的语言表达可以让孩子受益一生。这就要求教师在培养 4—14 岁的少年儿童时，不仅要让学生会朗诵，更要注重学生语言表达能力的提升。网络和新媒体在为教学带来挑战的同时，也带来了机遇与创新的可能性，只有认识到网络和新媒体的优势，并将其合理运用到课堂上，才能提高青少儿语言表达教学的效果，更好地推进青少儿语言表达教学的不断发展。

学习活动

实践练习题

1. 请为 6 岁的孩子设计制作一个关于诗歌《房子》[①] 的 PPT。

房　子

红色的房子 / 是螃蟹的家
黄色的房子 / 是鸭子的家
蓝色的房子 / 是海豚的家
绿色的房子 / 是毛毛虫的家
一阵 / 雪花飘过来
红房子 / 黄房子 / 蓝房子 / 绿房子
全都变成了 / 白房子

2. 请分别以 6 岁和 10 岁小朋友为教学对象，以儿化音为教学内容设计一节线上课。

① 宫美玲，杨琨 . 语言考级教程[M]. 长春：吉林人民出版社，2019：10.

第七章　教师教学评价与学生学习评价

☞ 本章学习目标

1. 清晰理解教师教学评价的总原则和总方法。
2. 按照教师教学评价的内容进行自我评估。
3. 掌握学生学习评价的总原则及总方法。

本章将从教师和学生两个角度进行分析，将教师教学及学生学习进行整合，梳理教师教学评价和学生学习评价的原则、方法及具体措施。

第一节　教师教学评价总论

本节内容从教师教学评价角度出发，针对教师的专业性、规范性进行分析，按照标准的教学流程和正确的教学原则对教师教学进行理论指导。本节旨在帮助教师掌握教师教学评价的科学性、规范性、体系性，探寻自己的独特个性，并将这一思考方式带入教学活动中，以期形成良好的教师教学评价模型和价值体系。

一、教师教学评价的总原则和总体内容

（一）以专业化教学内容为核心

专业化是青少儿语言表达教师从一个普通个体变成“教育者”的必由之路。自启

蒙运动以来，教育科学化、体系化成了一大趋势。现代教育学之父约翰·弗里德里希·赫尔巴特首先开创了科学教育学体系。在之后的现代化大潮中，专业化和科学化成了教师培育中的主要发展方向。因此，在教师教学评价体系中，教学内容专业化不是指知识内容规范或技术能力突出，而是指专业知识、专业技能、专业精神三位一体的专业化。教师教学应做到理念和实践两个层面的专业化。

从战略高度看，《中华人民共和国教师法》第三条规定："教师是履行教育教学职责的专业人员，承担教书育人、培养社会主义事业建设者和接班人以及提高民族素质的使命。教师应当忠诚于人民的教育事业。"不难看出，专业化教学既是教师这一职业的基本要求，又是教育事业走向深层次的必由之路。在国际层面，联合国教科文组织教师教育中心也专注于各个国家（地区）教师的专业能力建设与专业技术服务。从专业知识、专业技能到专业精神，教学内容专业化一直都在战略和理论层面向更深层次不断拓展。因此，青少儿语言表达教师要拥有纯熟专业的播音创作技能技巧和深厚扎实的专业能力，深刻理解"教师"这一角色的核心定位，并要秉持着"以人为本"的精神展开教学活动。在整个教学活动过程中，不论是"小而精"的教学模式还是基础、科学的教学模式，教师都应该以专业化为核心，恪守职业道德；不论是现实层面还是理念层面，都要将工匠精神发挥至极致。

（二）以体系化教学梯度为基础

体系指的是按照有序的组合和联系构成的科学化整体，体系化是原本无序的事物经过科学地分配与整合形成一个体系的过程。在体系化事物内部，各要素之间按照科学的方式进行有机连接，体系化能够保障一个系统高效、持续地创造价值。

教学梯度的设置意味着学生可以在学习中由浅入深，由表及里地全方位、深层次掌握知识点及其背后的机理和意义。依照梯度教学的理论，若将教学梯度的设置进行规范化和体系化，则教学活动会更加高效率、高质量，并且教师能做到循序渐进地带领学生进行学习。

在播音主持教学的环节中，我们依照难易程度和基础程度对青少儿语言学习的知识进行划分，设置科学的教学梯度体系。第一梯度是从基础发声开始牢筑地基，巩固语音发声能力；在第二梯度教学中，教师可以开展相关延伸内容的教学，培养学生语言艺术的综合能力，开发学生在语言学习中的不同潜力；当学生建立了相对完整、成熟的语言能力体系，拥有语流清晰、表意准确的口语能力后，教师在第三梯度应该着重培养学生的专业素养和精神，开设具备高度实践性的专业课程，立足舞台、演播厅，培养专业、敬业的合格人才。经过由表及里、由浅入深的系统性学习，学生应具备完善的专业技能以及综合的表现能力，这也是青少儿语言表达教师的基础任务和基本目标。

（三）以标准化教学流程为保障

教育部于2018年发布的《关于完善教育标准化工作的指导意见》指出，标准是可量化、可监督、可比较的规范，是配置资源、提高效率、推进治理体系现代化的工具，是衡量工作质量、发展水平和竞争力的尺度，是一种具有基础性、通用性的语言。

标准化教学流程是立足于顶层，严格把关教学活动中教师和学生种种行为的流程规范。它不是单一化、机械化的流水线式教学模板，而是一种体系化的高效高质量的教学活动评价考核体系。同时，标准化教学流程不是涉及每个教学环节中每个细节的“全方位”监督考核，而是以“整体观”的思路进行保障的重要手段。标准化教学流程与个性化教学设计、特色教学方案并不冲突，反而应该利用个性化、特色化的教学手段，实践并完成标准化的目标，实现青少儿语言表达学习教育质量的飞跃。在实施层面，我们通常以“课前问好—当堂回课—专业学习（专业基础—专业内容—专业延伸）—课后展示并总结—课程跟踪回访”作为90分钟完整课堂的标准化教学及跟踪回访流程，同时又以“教—练—赛”的标准教学三步作为完整专业学习的标准化教学流程。

标准化教学流程的内容应该包括制定科学合理的质量体系、建立公正翔实的考核标准、完善教学反馈体系。同时，为保证“标准化”的效力，应该引入内外部双重力量进行把关和监督。由此可见，标准化教学流程立足整体，是从大方向上把握好青少儿语言表达教师教学的有效保障方式。

（四）以个性化教学方法为方向

如前文所述，战略层面的标准化与教学方法的个性化并无冲突，反而二者是相辅相成、相得益彰的。追求百花齐放的“多元性”是当今社会被普遍认可的共识，语言学习者只有能力多元、风格各异，才能够满足社会中的不同受众群体的需求。教师可以通过“画图法”帮助学生了解“千山鸟飞绝，万径人踪灭”的情景；可以通过“数字联想法”帮助学生背诵“一去二三里，烟村四五家”；可以通过“情景再现法”带领学生感受“本是同根生，相煎何太急”的兄弟相争。诸如此类的方法都是在实践教学过程中因材施教总结出来的个性化教学方法。当我们从模式化教学体系中走出来时，就应该开始着眼于对每个学生个性的开发和培育，以“素质教育”“以人为本”的理念作为教学活动的基本理念，调整普遍讲授式教学模式，重新思考和构建针对不同学生的个性化教学方案、作业体系及反馈机制。以个性化教学方法激发学生的潜力，释放学生的个性，发挥学生的优势。

除了在实践中要学会因材施教，教师也应该树立起“学生本位”的服务意识，通过个性化教学方式，传达出对学生成长有益的关怀。学生并非工业生产出的“螺丝钉”，而是绽放独特之美的花朵。心理学家罗杰斯指出，开放式学习方法更加强调学生的“自主学习意识”，能够使学生拥有由内而外的学习能力。

因此，教师在使用个性化的教学方法时，既能够培育学生的个性、激发学生的天分，又能够培养学生学习的自觉性。教师在教学过程中必须以个性化教学方法为教学的方向，唯有如此才能够真正帮助学生成长，真正为社会开创“包容多元，百花齐放”的人才格局注入作为教师的一份力量。

（五）以完整化教学反馈为结果

刘显国在《反馈教学法》中指出，反馈教学法就是把人们对教学过程的思考，从传统模式中的“考什么就教什么”“教什么就学什么”“怎么教就怎么学”，转而逆向设计教学过程为——学生“怎么学，学什么”，教师决定“怎么教，教什么”。

首先是即时性教学反馈，即即时性作业、自评、课堂感悟。青少儿语言表达教师应该将教学反馈放在日常教学活动中，而非仅靠期中测评、期末测评、节假日舞台展示、等级测评等考核方式产生的结果，更加重要的是过程性教学反馈及评价，对其学习过程的持续跟踪，根据不同阶段的问题及时进行反馈。过程性反馈有助于学生和老师形成及时有效的良性沟通互动，促进学生学习兴趣的提高及学习态度的转变。

其次，在青少儿语言表达教学中教师应善用各种教学反馈及记录方法，如在网络教学兴起的当下，使用电子档案袋评价反馈法进行教学反馈。格莱德勒将档案袋教学法分为理想型、展示型、文件型、评价型、课堂型五种类别。档案袋的主要功能是“存储”“反思”“交流”。一个完整有效的教学反馈档案应该包括：学习方案文件记录，如学习计划表、阶段性任务表、教学材料等；学生创作的作品，如课堂发言记录、作业完成记录、作品音视频记录；学生的反思、感悟。该方法不仅能培养学生自主学习、自觉学习的思维，还有助于提高学生的反思精神，这对学生的成长起到了极大的促进作用。

学习活动

思考练习题

青少儿语言表达教学评价的核心、基础、保障、方向和结果分别是什么？

二、教师教学评价的总方法

青少儿语言表达教学评价渗透在教师教学活动中的每个单元，教师教学评价体系应该覆盖“教学准备—教学环节—教学反馈”三大阶段，针对不同阶段的不同问题，应该设置不同的评价及考核方案。本节将从以上三个阶段出发，针对教学准备是否充分，教学环节中的教学内容是否准确、教学类别是否完善、教学流程是否标准，教学反馈的即时性和家校沟通的准确性这六大板块进行详述，构建起教师教学评价的总方法。

（一）教学准备的充分性

青少儿语言表达教师在进行教学准备的过程中应该从多个层次做到准备充分。

第一，要充分调动教学热情，以饱满积极的态度开展教学活动。教师应该履行爱岗敬业的职责，以最大的关怀和激情展开教学活动，力求做到将教学的积极性和热情传递给学生。教师在教学中不仅需要传授知识，更应该起到模范带头作用，以热情积极的状态面对学生，有助于学生提高学习积极性，并形成良好的师生、生生互动反馈体系。

第二，要有高度的教学自信，对教学内容的深刻把握及对教学过程的认同感是教师拥有教学自信的来源。社会学家戈夫曼认为，人就像舞台上的演员，会不断努力地展示自己，以各种方式在他人心目中塑造自己的良好形象，包括言语、表情、动作等。教师更是一个“舞台”上的职业，讲台就应该是教师这一职业的“舞台”，唯有相信自己这一角色的合逻辑性和教学内容的合理性，才能够更好地进行生动的“表演”，呈现最好的课堂效果，从而使作为“观者”的学生产生身临其境、沉浸其中的深刻感受。

第三，要善用丰富的教学道具。“道具”是用来丰富和完善教学过程的重要工具，教学道具能够更加直观、简单地呈现抽象复杂的播音学原理。另外，在改善学生不良的发声状态时也可以利用道具进行物理性矫正，正如传统体育教学中对道具的运用。

除了传统的教学道具之外，教师还可以引入“魔术”增强课堂的趣味性，或者利用网络虚拟道具进行教学，如虚拟卡通人物等。

（二）教学内容的准确性

教学过程不宜“随意性”过强，学生的发声状态有标准化理论依据和范式，有独特的定律、理论和应用模式。因此，在教学内容上，教师不能随心所欲，而应该力求教学内容的准确性。在教学中的语音矫正及播音创作板块，要在秉持着“准确”这一原则的基础上再进行个性化培训和延伸。

具体来看，不良的口部操训练方法可能会对学生造成损害，更有甚者会对口腔或喉部造成不可逆的伤害。因此，在播音基础训练部分，教师应该使用多种方法帮助学生正确进行口部操训练，以达到口部操训练应有的结果；在普通话语音的教学过程中，教师应该遵循《普通话水平测试实施纲要》中所规定的内容，规范发音和汉语普通话的使用方式、使用规律，教学生以正确的发声方式讲出标准的汉语普通话，这是教学的内在要求，也是普及国家通用语言文字的必然要求；在舞台展现和性格塑造环节也需要深厚的理论支撑，教学要有专业性，教师应该将专业性的具体内容正确地传达给学生。唯有如此，才能提升学生的主持艺术能力与素养。

（三）教学类别的完整性

青少儿语言表达教学应该具备完整的教学体系，其中包括绕口令训练、诗歌训练、故事训练、古诗词训练等。在不同的教学类别中，教师应该设置具有梯度性的教学目标，厘清要点。本节从以下几个类别归纳相应要点以供参考。

1. 绕口令训练的要点

（1）识读准确，口齿清晰，发音饱满；
（2）气息均匀通畅；
（3）速度适中，不宜过快或过慢；
（4）富有感情。

2. 现代诗文训练的要点

（1）遵循播音艺术创作的基本原则；
（2）内部技巧、外部技巧运用得当；

（3）播读状态积极、语音准确，口齿清晰；

（4）感情准确充沛。

3. 故事类训练的要点

（1）语言准确，口齿清晰；

（2）状态积极，基调准确；

（3）停连得当，重音准确，语气正确，节奏把握到位；

（4）能够把握和呈现故事的连贯性及逻辑性。

4. 古诗词训练的要点

（1）准确理解古诗词句意，牢牢把握古诗词背景知识；

（2）避免语音语调的重复，避免单调；

（3）正确运用播音主持内外部技巧，正确表情达意。

以上内容仅是众多青少儿语言教学内容的主体部分呈现，近年来诸如相声、魔术、戏曲等内容也已经渐渐开始融入教学，这代表着青少儿语言教学的发展开始推陈出新。

（四）教学流程的标准性

青少儿语言表达教学流程是否标准是评判教学是否具有系统性和科学性的重要指标。通过对教学流程标准的合理设置，学校能够把控教师的教学过程，获得家长与学生的反馈，及时有效地纠正错误、发挥优势，从而提高办学水平。在科学化标准教学流程中，学生对知识的接收和巩固，老师对课程整体的把握都能够进入一种有序状态。

标准的教学流程应该遵循如下步骤：课前问好—当堂回课—专业学习（专业基础—专业内容—专业延伸）—课后展示并总结—课程跟踪回访。将此教学流程作为90分钟完整课堂的标准化教学及跟踪回访流程，同时又将“教—练—赛”的标准教学三步作为完整专业学习的标准化教学流程。为了推动教学流程的标准性，还要注意以下几个方面的内容。

第一，要注重基础理论及技巧的掌握，巩固好语音发声基础才能够有进一步的提升和拓展，因此教学流程的第一个环节应该是基础知识和基础训练方式的学习。

第二，这是实践性强的艺术学科，学生仅仅记住知识并不等同于对学科知识的真正掌握，必须经过实践的检验才能够有所收获。因此在第二个环节教师应该设置不同场景的练习，通过“重复—矫正—重复”的模式使学生完全吸收教学内容。

第三，经过标准化练习后，学生应该进入交流比拼环节。语言艺术的学习不能闭门造车，“孤岛式”学习无助于学生能力的提高，唯有以“竞”代“进”，才能激发学生的积极性。

第四，经过练习和竞争交流后，应该回归到“归纳”的学习思路中来，将实践环节出现的问题及优点进行归纳并抽象出来，形成对学习过程的深层理解。

第五，学生应该以最饱满的状态进行成果展示，在“理论＋实践＋总结”的基础上，呈现出完整的语言艺术创作作品。这也是教师完成阶段性教学目标的重要标志。

（五）课后反馈的及时性

学生可以通过课上反馈、课下反馈、网络反馈等反馈渠道，对课程内容及问题进行反馈。反馈应该及时，及时反馈意味着及时沟通和调整。针对教学过程中出现的信息交流渠道不通畅、不对等的现象，教师应该通过完善课后反馈机制的方式予以改善。

进行有效及时的课后反馈应该注意以下三个要点：一是对课堂内容进行视频呈现；二是对课程内容进行文字呈现，通过过程记录的具象视听化和抽象文字化，对课堂内容和教学质量进行把关，通过对反馈信息的把握，客观地进行教学调整和改进；三是对课堂问题的及时反馈，通过学生、家长、学校等多个渠道获取课程中存在的问题，并及时改进教学方式，改善教学效果。

（六）家校沟通的准确性

沟通在人际交往中非常重要，在教育领域中更是重中之重。在我国的法律中，学生教育的两个责任主体分别是家庭与学校。学校与家庭进行良好有效的沟通能够促进学生全面健康成长。家校沟通可以采取多种方式，如文字沟通、当面沟通、网络沟通、电话沟通等。

进行准确的家校沟通的具体内容应包括对学生的进步进行正面评价、对学生在学习中产生的具体问题进行及时反馈、对学生的学习现状提出有效的解决方案。

教师对学生的态度会影响学生的情绪，因此，必须以客观公正的态度面对学生。只有对学生的进步和存在的问题都进行反馈才有助于学生调整情绪、正确地面对家校反馈这一过程，进而理性地面对学习任务并制定学习目标。

教师在反馈学生的进步时，应以积极的、鼓励的态度进行沟通。这种沟通方式有助于调整学生心态，构建学生对播音与主持艺术学习的自信心，同时也有助于以正向反馈促进家长与学生的积极沟通，推动家庭教育与学校教育的积极联动；在对学生学习中存在的问题进行反馈时则应该采取客观理性的态度，避免问题反馈过程中的情绪化以及过度化倾向。由于家长与教师的身份、成长背景、年龄、性格等都可能有一定差距，因此，教师应该注重家长在沟通过程中给出的反馈，不断调整沟通方式，形成真正有效的问题反馈，避免走入唯批评的“一言堂”。同时，作为专业教师，在家校沟通中应当从专业角度入手，充分考虑学生的性格特征和心理特点，考虑学生的个性及学习现状，对学生目前存在的问题提出有效的解决方案，不仅要向家长转述该方案，更要与家长进行讨论交流，验证方案的合理性、确保方案的可实施性。

在家校沟通中，教师还应该遵循如下原则：尊重学生的主体性和隐私；友好平等沟通，避免将沟通变为“通知”；家校沟通应以学生的成长为主要目标；家校沟通的具体方法应该遵循严谨、科学的原则。学校与家长是合作的关系，教师必须从专业性角度出发，寻求与家长的“教育联动”，唯有如此，才能够帮助学生实现全方位的学习和成长。

学习活动

思考练习题

1. 青少儿语言表达教学评价总方法包含哪些方面？
2. 如何理解教学准备的充分性？
3. 如何理解教学内容准确性的意义？
4. 青少儿语言表达教师所要接触的基础教学类别有哪些？
5. 请简述青少儿语言表达教学的基本流程。
6. 如何理解课后反馈与家校沟通的“度”？

第二节　教师教学评价细则

本节立足于青少儿语言表达教师教学评价的具体实施原则，从教师教学评价的月度目标入手，分析每周教师教学评价的目的、内容，从具体的案例分析和内容分析中讲解教师教学评价的具体细则。通过详细的案例和科学的细则规划，本节希望教师能够按照科学合理的评价方式进行教学评价。

一、教师教学成长阶段目标

（一）教师教学评价的月度目标（第一周）

1. 教师成长体系梯度学习目的

（1）认同课程体系价值及其实际作用。

青少儿语言表达教学有其自身独有的体系，其教学目标、教学内容、教学流程等都有规律可循，可以最大限度地降低教师教学难度，符合学生接受知识的习惯，将兴趣作为最好的老师，让才华不只局限于舞台。

课程体系的设立可以从根本上提升孩子的生存技能及青少儿语言表达能力，通过寓教于乐的方式让孩子在玩中学、乐中学，将游戏与传统课程相结合，培养孩子对语言的感知力、提升其对语言的敏感度；与表演内容相结合，可以激发孩子的想象力、创造力，让孩子在公共场合能够更大胆、大方地表达自己的观点。青少儿语言教学将普通话语音基础教学划分层次，包括普通话正音训练、呼吸训练与声调练习三个部分，将普通话语音中复杂的声母、韵母、调值、语流音变等转变为少儿能够接受、乐于接受的形式。

（2）了解工作内容及形式，熟悉月度、季度、年度工作流程。

作为一名青少儿语言表达教师，首先应该热爱所从事的行业，并对从事的工作充满期待。教师应负责所在班级的教学、学校的学员管理；熟知每一个学员的基本情况；积极主动参与课程教研活动；不断钻研儿童心理发展及性格特点、结合教材大纲有针对性地进行教学；全面仔细观察记录并分析孩子的上课情况、积极与家长进行沟通和反馈；负责面向家长公开课程的组织实施；负责学校日常的家长咨询与课程介绍、线上线下招生与推广活动和学员的转化工作，还要有较强的语言表达能力和课堂组织能力。

在教学过程中，教师应制定详细的教学组织方案并组织实施，以达到月度、季度、年度的资源利用指标；协助教学主管及市场制订年度活动计划；落实校区负责人安排的工作，完成其他主管的工作并按期主持教研会，带动各老师认真备课、演课、磨课、探讨教学问题；监督教学流程的实施情况；参与制订、实施续班和新开班计划；全面把握教学服务、教学质量和教学团队；了解教师心态，及时沟通并反馈给校区负责人。

2. 教师教学成长体系梯度内容

（1）熟悉教学体系及学生学习框架的建立和制定。

教学体系是教学过程的知识基本结构、框架、教学内容设计、教学方法设计、教学过程设计和教学结果评价组成的统一整体。青少儿教育是儿童成长阶段必不可少的一部分，这一时期也是儿童成长的黄金时期。教师要注意青少儿语音发声、语言表达、即兴口语表达的协同推进，不仅教授学生专业知识，也要起到教学示范作用，通过课堂训练、作业完成情况进行分析，对青少儿出现的一些问题进行纠正，从而达到一定的提升效果。

学习框架就像是一幢高楼的设计图，只有将设计图绘制好，才能购买材料，开始搭建。不光是学生需要制定学习框架，对老师来说也必不可少，只有明确学习框架才能在备课、说课过程中更加流畅。构建学习框架能够使授课教师对本学期的教学计划更加清晰，熟悉所带课程的学科特点，了解每一章节的教学内容、教学目标和要求。将本班学生特点和教学相结合，采用更有针对性的学习方法和手段，可以保证课堂效率。

（2）充分了解课堂教学形式及上课流程。

课堂教学是教学中普遍使用的一种手段，是指教师给学生传授知识的全过程，这一过程包括教师讲解、学生问答、教学活动以及教学过程中使用的所有教具。课堂教学形式有讲授式、问题探究式、训练与实践等，在青少儿语言表达教学中还可将各学科各领域的内容相互整合，举办舞台话剧表演、唱跳表演、走进历史博物馆或诗画结合的形式，进行更加个性化的课堂教学，充分调动学生的积极主动性，达到寓教于乐的效果。

除充分了解课堂教学形式之外，教师还应该充分了解上课流程。在上课之前，教师应该考虑什么样的开场语能够调动学生的积极性，将学生课间活跃的心迅速收回课堂中，集中学生的注意力，从一开始就让学生对本堂课充满好奇，产生浓厚的兴趣。在青少儿语言表达教学课堂中，教师可以通过玩游戏的方式活跃课前气氛。

（二）教师教学评价的月度目标（第二周）

1. 教师成长体系梯度学习目的

（1）明确教学内容，熟悉各类技巧口令。首先从作为基础内容的绕口令来说，我们应该清楚地知道它是将若干双声、叠词词汇或发音相同、相近的字词有意集中在一起，组成简单、有趣的语韵，要求快速念出，读起来使人感到节奏感强，妙趣横生。绕口令可以锻炼学生的口语表达能力和应急反应能力。经常练习绕口令可以使人口齿清晰，反应灵敏。当然，练习绕口令时，要循序渐进、放慢语速、调整心态。在练习之前要多做口部操，练习唇舌力度，形成肌肉记忆。在训练时，我们要结合气息控制进行练习。开口前，要放松喉部、腹壁站定、两肋打开、气息下沉。读绕口令时，速度不能过快，应该由慢逐渐加快，要做到慢而不断、快而不乱。最后要注意交代清楚所读内容，情感要充沛。

（2）明确具体工作内容及晋升体系。校区晋升体系的制定规范化、制度化，目的是充分调动教师的教学积极性、主动性、创造性，全面提高教学质量，更好地落实教育政策法规，逐步筛选出德才兼备的优秀人才。

我们以四星级为例，阐述不同星级体系中的晋升规律及所需要的能力。

常规情况下各单位实习期为 3—6 个月。实习结束符合标准者可成为常规助教，在此期间，主动尝试课下无观众说课、考核结束能够完成课程任务的新任教师进入一星级体系。在此基础上，教师连续三个月所带班级被评为优质班、所带课程被评为优质课程、学期卫生检查优秀、无家长投诉则直接进入二星级体系。

在新星级教学中，本班综合评比连续三个月为第一，并至少举办一次班级家长会、多次舞台话剧表演和朗诵表演的班级被评为明星班，教师则进阶为三星级教师。三星级阶段，家长无投诉、本班综合评比及本人教育教学评比四次均为优秀、可以独立召开本班家长会且培训本年级组教师召开本班家长会一次、一学期中独立召开三次班级管理教研、孵化三名新星教师的老师晋升为四星级教学主管。

教师应具有崇高的职业理想和坚定的职业信念，长期工作在教育教学第一线，为促进少儿身心健康成长发挥引路人的作用，出色完成本职工作和任务，取得突出的教书育人成果。

2. 教师教学成长体系梯度内容

（1）个人表演能力提升，专业技能展示。

表演是指将情节和动作表现出来。少儿舞台表演亦是如此，通过表演故事中的情景达到激发孩子兴趣的目的。在这一过程中，教师不断地引导学生，可以激发学生的想象力和创造力；同时，能够锻炼孩子的语言表达能力和组织能力，让孩子在大众面前更敢于表达自己的观点。故事的分类有很多，如寓言故事、神话故事、民间故事等，每一种故事都有不同的表现手法。

在舞台表演中需要注意以下几点：第一，在表演之前，首先要对表演内容进行讲述，让孩子充分了解表演内容和所讲述的事件，并对人物的性格特征有大致的了解；第二，让孩子们共同讨论他所理解的角色性格，调动孩子的积极性；第三，在进行表演时，要落落大方，不要扭扭捏捏，要声音洪亮，让台下观众能够清楚地听到台词是什么；第四，在表演时，要有重点，有对象感，把自己当作人物本身；第五，故事中所需要的道具不宜太过复杂。

（2）熟悉课堂口令，灵活管理学生纪律。

课堂纪律是青少儿语言表达教学的重中之重，课堂口令是有效管理课堂纪律必不可少的一部分。课堂口令源于军事口令，继承了军事口令内容明确、语言精练的特点。在青少儿语言表达教学中，课程时间短、学生注意力不易集中，故要求老师的教学语言要简洁凝练、内容创新，课堂口令由此产生。课堂口令相当于老师和学生上课时的“暗号”，通过这样一种“对暗号”的形式，不仅可以使教师有效管理课堂，还可以让学生在一个有序的环境中学习和实践、规范学生的行为。

教师在设计课堂口令时，要根据本学期课程的学习计划，除常规上课、下课、坐直、站好外，还应设计和本节课程有关的专属口令。课堂口令不宜过长，读起来要顺畅、有节奏感。要结合本班学生的实际情况设置口令，口令主要服务对象为学生，要保证学生对课堂口令的接受程度，制定适合本班学生的口令，让学生除在课堂外，在回到家中、外出游玩时也铭记于心、脱口而出。老师也要积极参与其中，和学生融为一体，让学生放下戒备，轻松学习。

课堂口令是教师和学生的桥梁，可以保证课堂效果，也是培养学生良好学习习惯的有效途径。

上课口令：

铃声响，端坐好。

安静坐，不乱吵。

说坐好，就坐好。

竖起耳朵，认真听。

小小火车，开起来。

你最棒，我最棒！我最棒！（所有学生坐整齐）

下课口令：

下课啦，下课啦。

穿衣服，要回家。

小火车，要出发。

有序排队，一二三。

一！二！三！（排队站整齐，准备下课）

（3）完善课后服务，熟悉课后家校互动。

例一：可可同学你好，我是今天给你上课的北幕老师，今天你在课堂上的表现非常棒，在上课的时候积极活跃，在小组中也能够脱颖而出。上课的时候你总是非常积极，会和小朋友主动交流，你总是有很多话和老师同学说，同学们都觉得你是一个非常热心的人。但有个小问题，你总是在不恰当的时候和同学交头接耳，这样就会影响老师和同学上课。我们在课堂中还是要遵守纪律，希望你以后注意，变得更优秀吧，好吗？

例二：阳阳同学你好，我是你的晨晨老师。你是个非常聪明的小朋友，虽然你在班里的年龄是最小的，但你却是最爱思考的，在上课的时候也能和别的小朋友热烈探讨，说出自己新的想法。但我们不能光把自己的想法说出来，还要每天按时完成我们的课后题呀！

（三）教师教学评价的月度目标（第三周）

1.教师成长体系梯度学习目的

（1）熟练掌握教案的书写规范。试问自己教案书写规范吗？你会写教案吗？你的教案能够和教材紧密结合吗？备课是教师根据学科课程标准的要求和本门课程的特点，结合所带班级学生的具体情况，选择最适合学生的表达方法和顺序，从而保证学生有效学习，提高学生学习效率的过程。教师可根据自己的需求单独备课，独自钻研课程标准和书本内容；也可以选择与同年级、同专业课程的老师举行座谈会，共同解决教学中的重点、难点并找到适合本班学生的教学方法，提高备课效率。备课是上好课的必要前提，青少儿语言表达教师对所讲内容把握充分，可以使教学更具针对性和计划性。作为一名教师，应该熟练掌握教案的书写规范，为课堂做好全面的准备。

（2）能完整掌握常规课程的说课形式。备课是上好课的必要前提，说课则是提高备课质量的有效准备。说课是新时期教学研究的一项重要工作，是一种以语言描述为基本形式的交流活动，能够很好地提高备课质量、提高课堂教学的效率，说课在日常教学研究活动中占据着越来越重要的地位。和以往不同的是，如今说课通过让授课教师说明自己的教学意图，道明自己的教学方法和教学目的，才能够让听课教师更加清晰明确地指导教师在今后的课堂教学中如何改进，提高课堂效率，取得实质性进展。网络在为我们带来便捷的同时，也让我们无法有效过滤鱼龙混杂的无效信息。通过说课，可以引导教师积极主动地思考、沟通，有效地促进教师的专业成长，从根本上提高教师备课的质量。

2. 教师教学成长体系梯度内容

（1）“精品化”试听体验，打造精品小课。

教师第三周的工作主要围绕精品化的试听课打造，精品化课程的构成主要围绕课前口令、基本功训练、绕口令训练、朗诵训练、舞台表演力训练等常规板块进行（具体上课内容需要根据实际情况增减）。教师需要明确试听课的重点在展示教师的专业能力、教学能力、互动能力，切不可盲目准备、抓不住重点。教师上课过程中应熟悉上课流程，可以根据人数及听课人员情况适时改变上课节奏；上课互动中应快速把握学生优缺点；课后精准反馈学生情况，及时进行单节课课后反思。以上内容的应用程度代表着教师教学水平及教师自身素质的情况。教师应明确本周工作及学习实践重点，避轻就重，提高试听体验，打造完整精品课程。

（2）教案书写。

“归还物品”课程教案

一、课程目的

（一）复习“我们爱分享”

（二）口述本节故事内容

二、课前准备

口部操运动（加入伴奏），白板，白板笔，进步阶梯磁贴片（小红旗，红黄五角星各一种）。

三、课程纲领

（一）儿歌《口部操运动》

1. 播放沉浸式伴奏，加强课堂趣味性。

2. 语气欢快地进行点名。

3. 选出各队伍队长。

4. 教师在黑板上写下各队伍名字（如苹果队、西瓜队等）。

（二）故事《归还物品》

1. 教具导入。

2. 老师先整体表演一遍后，提出问题（让学生对故事有初步的印象）。

3. 老师和学生共同表演。

4. 老师分句教学小组练习、找搭档练习。

5. 作品展示。

四、活动过程

（一）点名

老师：在我从 5 数到 1 时，还有没回到自己位置上坐下的同学就得说：我是最懒的小同学！注意！第一，不要跑，走回去；第二，不要推同学，注意安全。我说开始的时候就开始。准备，开始！

（二）口部操

老师：同学们看到什么了？

学生：松鼠嘴巴在动。

老师：对，它对我们说了什么呢？

学生：跟我动起来吧！

老师：对，说得很好，那我们马上就要开始口部操啦！（老师播放音乐）

学生和老师一起做口部操

（三）归还物品

老师：大家看看老师手里拿着什么？

学生：两个苹果。

老师：非常好。我有两个苹果，我们上节课学习的是什么呢？

学生：我爱分享。

老师：真棒，那我们有两个苹果，小亮没有。这个时候我们应该怎么做呢？

学生：我们应该分给小亮一个苹果。

老师：真棒！我们每个人都是爱分享的好孩子。我们上一节课学习的是“我爱分享”。这节课，我们继续学习一个礼仪——归还物品。如果我们忘带铅笔和橡皮了应该怎么做？

学生：向同学借。

接下来邀请小敏一起表演

老师：小敏，我今天忘记带铅笔和橡皮了，我可以借一下你的吗？

小敏：可以呀。给你。

老师：谢谢你。用完之后我会马上归还的。

表演结束

老师：你们在向小朋友借东西时，是怎样说的呢？今天我们就一起学习归还物品的礼仪。

老师分句教学，接着分组表演，找搭档练习，最终比赛。

老师带领学生一起回顾今天学习了什么，然后下课。

（3）跟课总结。假设本节课学生整体表现良好，老师带领学生进行表演，并进行分组练习。找搭档分组练习是非常有效的一种教学方法，每一位小朋友都非常认真，并且积极参与课堂，最终呈现效果也非常好。在玩游戏的环节，如果孩子们秩序比较混乱，老师应提出改进的方法。在这里，可以详细写出本节课每一位学生的表现如何。

（4）教师教学成长体系梯度内容。

在理论学习方面，要善于思考，争取把自己的专业理论知识水平提高到一个新的高度，在深化理论学习的同时逐渐形成自己的教学风格。

认真做好各项日常教学常规工作，抓好教学质量，培养学生良好的学习习惯。积极反思，在不断的反思中逐渐完善自我。思考教育问题，积极把先进的教育理念转化为教师的行为，从反思中提升教学研究水平。每节课后，把自己在教学实践中的问题和收获赶快记下来，享受成功，弥补不足，在总结经验中完善自我。

为了让每一个孩子都能学好、玩好，使每个孩子的口语表达能力都有所提高，教师可以根据本班情况，按周、月、学期等制订班级计划。将游戏贯穿于教学中，并注重与家长的有效沟通，共同使孩子健康愉快成长，使每个孩子都能在原有基础上提高。

努力提高自己的基本功，积极参加学校以及社会专业比赛，开阔眼界。积极借助各种平台提升自己的业务能力，积累丰富的经验，认真上好每一堂课，把教学能力的提高落实在每一天的课堂教学中。

利用信息技术手段辅助教学。充分利用网络优势，学习教学方面的新思想，掌握新方式，运用新理论，提高教学效果。利用课余时间向电脑能手学习，提高自己的计算机水平。

在青少儿语言表达教学中，要坚持保护孩子和教育教学工作德、智、体、美全面发展的要求，有目的、有计划地对孩子进行教育。教师要转变以往陈旧的教学理念，让孩子们在玩中学、在学中玩。教学是老师与孩子们之间的交流，教师与学生配合好，学生才能够得到更好的发展。在教学中，教师不应只着眼于书本上的知识，更应该将书内和书外相结合，尊重学生的发展规律，因材施教、分层教学。

（四）教师教学评价的月度目标（第四周）

1. 教师成长体系梯度学习目的

（1）常规课的完整教学流程。

课前准备：教师和孩子们共同加入一个游戏，通过玩游戏的方式一方面拉近教师和学生之间的距离，另一方面调动孩子们的积极性。

课前回课：检查小朋友们上一次课程所学习的口部操小技巧、普通话语音、绕口令、小故事等内容。通过盖印章的方式对小朋友给予鼓励。

课堂常规教学：普通话语音；绕口令；故事。

小组分组练习。

小组比赛。

课堂总结：我们今天学习了什么内容？今天小朋友们表现得很出色，接下来让我们将今天的表演带回家给爸爸妈妈瞧瞧。

下课。

（2）课后家长沟通流程。

老师要主动和家长沟通交流，告知家长孩子在上课时的表现，在这一过程中，不一定全部都是夸奖，但在说到孩子的不足之后一定要在最后说孩子整体还是非常不错的。

在课堂上，教师发现孩子在某一方面的异常，下课后，及时跟领导或者家长交流；老师将上课视频发送到班级群中，目的是让家长看到孩子上课时的状态，从而对教师产生认同感。

放学后，老师们需在班级群进行总结，并在当天做好所学内容的跟踪回访，以及回想本节课学生是否有异常现象；每周向家长进行一次反馈；每月向家长进行一次总体反馈，充分了解学生。安排本次课程结束之后的作业，以便家长提醒孩子完成。每次课后，都要做总结，找出优缺点。

（3）学生作业互动点评流程。

学生发完回课视频后教师须在 12 小时内完成点评。点评应围绕学生作业的整体状态、普通话字音存在的问题、语言表达等方面进行。教师可以录制正确的发音并提出改进意见，在下一次上课时进行更加详细的纠正。

2. 教师教学成长体系梯度内容

教师在成长过程中，要不断积累文化知识，掌握青少儿语言表达教学基础知识、专业知识和技能，如学习唐诗、宋词、元曲；学习必背绕口令、青少儿小故事及现代诗歌等；培养自己做、写、画、弹、唱、舞、讲的教学能力，更好地将其运用于教学中；提高创新和实践能力、批判反思和不断学习的能力。教师应熟练掌握教案编写原则，做好教学活动设计，规划教学的目标、内容、实施与评价方法等，确定全面具体的教育方案。教师还要熟练掌握试听课及常规课的完整流程、做好教学计划、熟练掌握课后服务流程和学生作业点评流程等，及时指出学生问题，如字音韵母发音错误、前后鼻音错误等。

学习活动

思考练习题

1. 如何理解教师教学评价月度目标的基础设置？
2. 请简述月度目标中，第一周的目标及安排。
3. 如何理解月度目标中，第二周与第一周的工作关系？
4. 你认为月度目标中，第三周需要具备哪些业务能力？
5. 月度目标的总结该如何完成？

二、教师教学自测

（一）常规教学篇

1. 思想准备

以后每天都要和小孩子相处，你做好思想准备了吗？
成为一名语言工作者，你做好思想准备了吗？
成为一名青少儿语言表达教学工作者，你做好思想准备了吗？
成为一名优秀的青少儿语言表达教学工作者，你做好思想准备了吗？

2. 知识储备

教学中，涉及字词较多，你做好知识积累了吗？
教学中要求老师有标准的普通话，你已经掌握了吗？
你知道在教学中需要掌握大量绕口令吗？
你能否流利地说绕口令呢？
在教学中，需要大量的古诗积累，你都掌握了吗？
你可以在不假思索的情况下说出多少首古诗呢？它们的作者和朝代都清楚吗？
你知道古诗的分类吗？
你了解古诗的节奏把控吗？
在教学中，你会为学生讲小故事吗？
你讲小故事的能力怎么样呢？
你是否掌握了教学必备的现代诗歌？
在教学中，你能否将诗歌完整地呈现出来呢？
你是否具备舞台表演的能力呢？
你是否具有很强的语言表达能力？
你是否会与家长进行积极高效的沟通呢？
你是否会和孩子们共同进行户外课程？
你是否清楚户外课程的必备技能？
你如何对待学生的成绩？
在教学中，老师需要具备创新能力，调动学生们的积极性，你准备好了吗？
你是否会向其他老师求教？
你是否始终以积极乐观的心态面对教学工作？

3. 教学体系架构储备

（1）课堂内容
青少儿语言表达学习最主要培养学生的什么能力？
若家长询问青少儿语言课程，你如何介绍？
上课之前要求教师快速调动学生氛围，你准备好了吗？
你通过什么方法调动学生的积极性？
在教学中，需要具备丰富的想象力，你准备好了吗？

你对每堂课的内容是否熟悉？

你对整个学期的教学计划是否提前做了准备？

（2）课程形式

你是否了解课程呈现形式？

你是否掌握不同的教学形式？

你是否会因材施教？

你是否尝试过分组教学？

你是怎样进行分组的？

你分组的依据是什么？

每一组是否只有自己的组名？

组名是由谁决定的呢？

如果是你，你会取什么组名呢？

你所取的这些组名学生们是否喜欢呢？

如果学生喜欢，是否询问过原因？如果学生不喜欢，你是否会进行反思？

你是否会用动物名或者名言来取组名？

你是否会为每一组选取组长？

你选择组长的方式是什么呢？

你如何处理学生的分歧？

你如何记录学生的课堂表现情况？

你用过按印章的形式激励学生吗？

学生们在课堂中表现好，你会采取什么方法调动其积极性呢？

你是否会为学生购买礼物？孩子是否喜欢呢？

在上课之前是否会说明优秀学生的奖品设置？

对各组长有什么奖励机制吗？会单独奖励吗？

你能否及时发现孩子们存在的问题呢？

（3）课程体系设置

简要概括青少儿语言表达教学课程的课程设置。

是否明白不同等级适合的孩子的年龄段？

每一等级之间的区别在哪？每一等级是否有可以互通的地方？

每一等级是如何划分的呢？

每个级别的课程安排你是否清楚？

课程结束之后还会有什么安排吗？
每一学期是否有固定的书目？
使用的书目有同类书可以替代吗？还有其他参考书目吗？
每隔几次课进行一次新课程教学？
所有课程都是在室内进行吗？
实践课程场地如何选择？
每隔几次课进行一次复习？
课程总结何时进行？安排几次小结课程？
每周几授课？每次课程时长是多少？
对主课内容了解吗？主课内容占总课时的比例是多少？

4. 课前准备

你是否独自备课？
你是否会认真备课？
在备课过程中，是否存在困难？
你是否充分掌握教学内容？
在上课之前，你会选择播放什么类型的音乐？
在上课之前，你是否会为先到的家长准备视频？
你是否有教案？你是否每节课必须有教案？
你是否严格按教案上课？
你的教案中是否有插图？
你是否明确自己的课件风格？
你的课件风格是否适合小孩子？
你是否会使用新颖的教具？
你是否会使用多媒体？
你能否非常熟练地使用多媒体上课？

5. 试听课教学准备

你知道什么是试听课吗？
你了解试听课的作用吗？
你清楚试听课要达到什么效果吗？

你为试听课做了哪些准备？

6. 常规教学准备

你的课堂是否有固定的上课口令？
你大概多久更换一次上课口令 ？
在上课之前你会点名吗？你的点名方法是什么？
你会采用什么方法调动学生的积极性呢？
你会和学生一起做游戏吗？
你把做游戏的时间大概控制在多久？
在上课时，有学生交头接耳，你会怎么做？
户外课程你会选择在什么时间、什么地点进行？
在户外上课时，学生之间产生了摩擦，你会怎么办？
在比赛时，现场秩序混乱你会怎么做？

7. 学员测试准备

你会为学员测试准备哪些内容？
在测试过程中你是否会对学员进行帮助？
在测试时，你的侧重点是什么？
测试时间大概为多久？

8. 家长会准备

你知道家长会要准备什么吗？
你会为家长准备一封信吗？
你能够熟练地向家长介绍课程理念和安排吗？
你能够向家长详细介绍课程规划吗？

三、教师教学专业检测

（一）自我介绍

标准：时间控制在 3 分钟内，声音洪亮，吐字清晰，语流顺畅。

内容：简单地介绍自己的优缺点、兴趣爱好、授课窍门等。

目的：了解老师在无文字稿件提示情况下的语音面貌。

（二）单音节词语正音检测

标准：限时 90 秒，声音洪亮，发音准确。

内容：欧　暗　避　播　坡　草　炒　侧　撤　面　慢　撇　奔　崩　根　耿　勤　情　声　深　醉　坠　翁　付　托　咤　窝　杨　怪　留

目的：考察老师们普通话的基本发音情况。

（三）多音节词语正音检测

标准：限时 2 分钟，声音洪亮，发音准确，吐字清晰。

内容：葡萄　相声　扫帚　商量　耳朵　庄稼　犹豫　明白　告诉　衣服

看一看　一棵　统一　一鸣惊人　不会　不可或缺　太阳

一会儿　小孩儿　铜子儿　老伴儿　广播　飞机　火车　学者

展览馆　小伙子　喜洋洋　光明正大　自力更生　义不容辞

目的：了解老师们轻声、变调、儿化、词语轻重格式的读音情况。

（四）绕口令

标准：任选其二，限时 3 分钟，语速适中，语流顺畅。

内容：

会炖我的炖冻豆腐，来炖我的炖冻豆腐，不会炖我的炖冻豆腐，就别炖我的炖冻豆腐。要是混充会炖我的炖冻豆腐，炖坏了我的炖冻豆腐，那就吃不成我的炖冻豆腐。

六十六岁刘老六，修了六十六座走马楼，楼上摆了六十六瓶苏合油，门前栽了六十六棵垂杨柳，柳上拴了六十六个大马猴。忽然一阵狂风起，吹倒了六十六座走马楼，打翻了六十六瓶苏合油，压倒了六十六棵垂杨柳，吓跑了六十六个大马猴，气死了六十六岁刘老六。

一块土粗布，一条粗布裤，哥哥屋里补布裤，飞针走线自己做。粗布裤上补粗布，土粗布补粗布裤，哥哥穿上粗布裤，艰苦朴素牢记住。

字纸里裹着细银丝，细银丝上趴着四千四百四十四个似死似不死的小死虱子皮。

目的：了解老师们的吐字是否清晰、发音是否正确、思维是否敏捷等。

（五）古诗朗诵

标准：正确把握朗诵内容，声情并茂。

内容：任意选择一首自己印象深刻的古诗。

目的：了解老师的情感丰富度、情绪张力和对舞台的控制能力。

（六）散文朗诵

标准：限时3分钟，声音洪亮、富有情感、语速恰当。

内容：朱自清散文《春》。

目的：了解老师的情感表达能力、字音、语流等。

（七）故事表演

标准：限时3分钟，表演要真实、准确、细腻、生动，要注意表演富于形象感、生活感和细节。

内容：进行简单的情景设定。

目的：了解老师们的艺术想象能力、对现实生活的感知能力以及课堂气氛的调动能力。

（八）主持词

标准：口语表达清晰流畅。

内容：尊敬的各位家长，亲爱的同学们，大家好！欢迎大家走进今天的青少儿语言学习课堂，欢迎大家！（略）

目的：了解老师们的公众表达能力和调动课堂情绪的能力。

✔ 学习活动

思考练习题

1. 在常规教学中需要做好哪些思想准备？
2. 青少儿语言表达教师需要有怎样的知识储备？
3. 你是否可以清楚阐述教学的流程体系？
4. 你是否可以准确完成教师水平测试？

第三节　学生学习评价的总原则

本节将详细介绍学生学习评价的总原则，从青少儿语言表达教学的专业角度切入，针对口部操、普通话语音、播音外部技巧、基本的礼仪形体和副语言、表演性内容几个方面，对学生的各个学习环节进行深入的分析和归纳总结，旨在为学生提供一份科学合理的学习评价原则系统，并指导教师教学。

一、以专业化的口部操及气息锻炼方法为前提

当今社会对于口语表达能力的要求逐渐提高。语言表达力不仅能开发青少儿对世界的认知能力，还能引导青少儿准确、简练、有效地表达自己。对于青少儿口语表达能力的提高，可从口部操、气息、普通话语音、形体礼仪、表演等方面切入进行训练。

常做口部操，可以有效加强唇部、舌部肌肉的力量，提高唇舌的灵活程度。

（一）唇的练习

喷：双唇打响。双唇紧闭，将唇的力量集中于唇部中央，唇齿相依，不裹唇，阻住气流，然后突然喷气出声，发出［p］的音。

咧：将双唇闭紧，尽力向前噘起，然后将嘴角用力向两边伸展（咧嘴），反复进行。

撇：双唇闭紧向前噘起，然后向左歪、向右歪、向上抬、向下压。

绕：双唇闭紧向前噘起，然后向左或向右做 360 度的转圈运动。

（二）舌的练习

刮舌：舌尖抵住下齿背，舌体贴住齿背，边张嘴边用上门齿的齿沿刮舌叶、舌面，使舌面能逐渐上挺隆起，然后，将舌面后移向上贴住硬腭前部，感觉舌面向头顶上部“百会”穴的位置立起来。这一练习对于打开后声腔和纠正“尖音”、增加舌面隆起的力量很有效。口腔开度不好的人，舌面音“j、q、x”发音有问题的人可以多练习。

顶舌：闭唇，用舌尖顶住左内颊、用力顶，似逗小孩儿嘴里有糖状，然后，用舌尖顶住右内颊，做同样练习。如上左右交替、反复练习。

伸舌：将舌伸出唇外，舌体集中、舌尖向前、向左右、向上下尽力伸展。这一练习主要练习使舌体集中、舌尖能集中用力。

绕舌：闭唇，把舌尖伸到齿前唇后，向顺时针方向环绕 360 度，然后向逆时针方向环绕 360 度，交替进行。

立舌：将舌尖向后贴住左侧槽牙齿背，然后将舌沿齿背推至门齿中缝，使舌尖向右侧翻。之后做相反方向的练习。这一练习对于改进边音的发音有益。

舌打响：（1）将舌尖顶住硬腭、用力持阻，然后突然弹开，发出类似“de”的响声。（2）舌尖顶住上齿龈，体会用力发“da”音时舌尖与上齿龈成阻、持阻、除阻时的动作。然后，用舌尖抵住上齿龈阻住气流，再突然放开，爆发出［t］的声音。刚开始练习时，由于舌尖无力，［t］音的响声较小，舌尖有力之后，响声才能明显些。做舌打响练习时，声带不颤动，不带音。这一练习，对舌尖成阻无力的人改善舌尖成阻、持阻的力量有益。d、t、n、l 发不好的人可以多练。（3）将舌根抬起至软硬腭交界处，体会用力发“ga”音时，舌根与软硬腭交界处成阻、持阻、除阻时的动作。然后，像发［k］音时那样，舌根与软硬腭交界处不断地连续做“阻气—突然打开—阻气—突然打开”的打响动作。这一练习可以改善舌根的力量及灵活性。g、k、h 发不好、韵母 u、e、o 发不好的人可以多练。

在播音发声过程中，呼出的气息是人体发声的动力。声音的强弱、高低、长短以及共鸣的运用与呼出气流的速度、流量、密度都有直接的关系。气流的变化关系着声音的响亮度、清晰度，音色的优美圆润，嗓音的持久性，情绪的饱满充沛。也就是说，只有在呼吸得到控制的基础上，才能谈到声音的控制。

呼吸的作用不仅限于做发声的动力，它还是一种极重要的表达手段，是情与声之间的桥梁。要使声音能自如地表情达意，必须学会呼吸的控制与运用。

二、以标准化的普通话语音及相关停连重音等技巧为基础

普通话，是标准现代汉语的另一个称呼，它作为联合国工作语言之一，已成为中外文化交流的重要桥梁和外国人学习汉语的首选语言。截至 2015 年，中国 70% 人口具备普通话应用能力，尚有约 4 亿人只局限于听懂的单向交流。《国家通用语言文字普及攻坚工程实施方案》计划“到 2020 年，在全国范围内基本普及国家通用语言文

字”，具体为全国普通话普及率平均达到 80% 以上。

2000 年，《中华人民共和国国家通用语言文字法》确立了普通话和规范汉字作为国家通用语言文字的法律地位。由此可见普通话发音标准的重要性，青少儿在学习中需要特别注意其标准化的相关训练。

（一）发音训练

在元音发音时，气流通过声门要震动声带，发出响亮的声音，气流在口腔里不受到发音器官的任何阻碍，只受口腔的调节。如 ɑ、o、e、i、u、ü 等。

在辅音发音时，气流通过声门多数不震动声带，发音不响亮。气流在口腔中要受到发音器官的各种阻碍，气流必须克服阻碍才能发出轻微的声音。如 b、p、m、f、g、k、h、z、zh、ch、sh 等。

此部分应通过单音节字、双音节词、三音节词、四音节词进行练习，但要注意轻声、儿化、变调以及轻重格式的运用。

（二）吐字归音

出字，是指吐字归音过程中对字头的处理。要求做到字头出字有力，叼住弹出。

立字，是指吐字归音中对字腹的处理。要求做到字腹立字饱满，拉开立起。

归音，是指吐字归音过程中对字尾的处理。要求做到字尾归音弱收到位，趋势鲜明，防止拖泥带水。

枣核形，是指就头、腹、尾俱全的音节的吐字状态而言，字头叼住弹出，字腹拉开立起，字尾到位弱收，合起来成为一个两头小中间大的“枣核形”，如图 7-1 所示。枣核形本身是一个整体，是字音在发音过程中咬字器官互相协调，在滑动中完成的，而不是对字音的机械分割，整个字音要有滑动感、整体感。要根据具体内容、形式的不同要求而灵活运用，不能本末倒置，为求“枣核形”的完整而破坏播音发声的自然流畅。

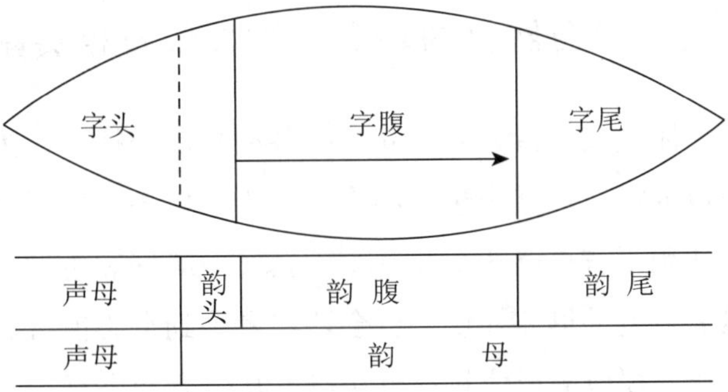

图 7-1 “枣核形”示意图

（三）打开口腔

播音发声比生活语言口腔开度要大，打开口腔要有提起上腭的感觉，同时下腭要放松，上腭的提起和下腭的放松可以适当加大口腔容积，为字音的拉开立起创造条件。这个状态是通过“提起颧肌，打开牙关，挺起软腭，放松下巴”来实现的。提颧肌不用做成微笑状，而是稍有紧张的感觉就可以了。颧肌提起时，口腔前部及上腭顶部有展宽的感觉，鼻孔也会略为张大，同时唇尤其是上唇展开贴住上齿，使唇的运动有了依托，容易发挥力量。这样对吐字的清晰、明亮会产生积极的影响。

打开牙关，主要是指双侧上后槽牙，保持向上提起的感觉。这样做也是为了加大口腔开度，丰富口腔共鸣。

挺起软腭，是抬起上腭后部的动作。可以加大口腔后部的空间，同时减小鼻腔通路的入口，以避免气流过多地灌入鼻腔而造成浓重的鼻音。

放松下巴，也是为了打开口腔。打开口腔，上腭并不能打开，只有下腭依靠关节可以打开。下腭的紧张会使舌骨向后上方移动，牵动喉头上提，使声音通道变窄。喉部肌肉不正常的紧张，会造成发声的紧张吃力，加重加快疲劳感。

（四）力量集中

咬字器官力量的集中主要表现在唇和舌上。唇的力量要集中到唇的中央三分之一处。舌的力量集中，首先体现在发音过程中舌体要取收势，力量要集中在舌的前后中纵线上；无论是发辅音还是发元音，舌的有关部位力量集中，成阻部位要呈点状接触而不是片状接触，声音才能集中，如果力量分散，声音也就散了。

三、以自然化的基本形体礼仪及相关副语言为辅助

形体礼仪是指人们在社会的各种具体交往中，为了互相尊重，在身体姿态方面约定俗成的规范。其中包括动作、行为、体态、面部表情等礼仪。用优美的体姿表达礼仪，比用语言更能让受礼者感到真实、美好和生动。同样，如果青少儿进行语言表达时具有规范的形体礼仪，也会让观者感到赏心悦目。

培养规范的形体礼仪可从以下几个方面进行。

（1）衣着。在衣着上，青少年应以得体大方为主，发型要干净利落，切忌浓妆，可淡妆修饰，但不要过于成人化。

（2）站姿。优美的站姿能展示个人的自信，衬托出美好的气质和风度，并给他人留下美好的印象。在站姿上，朗诵者在台上注意挺胸抬头，双臂可自然下垂，目视前方，女生呈“丁”字站姿，即双脚呈垂直方向接触，其中一脚跟靠在另一脚窝处，两脚尖对两斜角，如一“丁”字。男生可双脚稍稍呈“八”字状态，即双脚跟并拢，双脚尖略微分开，呈 50 度左右角。

（3）走姿。走姿是人体所呈现出的一种动态，是站姿的延续。走姿是展现人的动态美的重要形式。走路时应挺胸抬头，不左顾右盼，不左右摇晃，没有多余的不雅的动作，体现出朝气与自信。

（4）行礼。开场时可 90 度鞠躬，既不可过于夸张又不可敷衍了事。

（5）言谈、朗诵者应口齿清晰，在朗诵过程中，思维清晰连贯，语句上有恰当的重音和停连。

四、以合理化的表演内容呈现适龄化的性格塑造为目的

语言表达教学是一个人综合素质的体现，青少儿语言表达教学必然要与孩子的性格以及自身的语言表达状况密切相关。

性格外向的孩子在学习伊始就会有很突出的表现，但孩子的“突出表现”只是相对的，或者可以说是孩子的“本色表现”，真正的进步不大。他们中有的孩子可能在家里表现很好，但只要是遇到陌生环境，就很难突破自己。这是因为孩子在短时间内还没有真正地建立起“敢说”的胆量和“乐说”的品质，没有从内心发生真正的改变，还需要进一步的锻炼。

性格内向的孩子，在学习伊始不会表现出很大的进步，与其他孩子比较起来甚至会让家长觉得相差甚远，其实，这只是孩子自身语言表达现状的临时反应。与外向孩子外在行为的进步不同，他们的进步是在内心一点一滴地积累的，是在慢慢地感受与体验中改变的，只是这需要一定的时间。

总之，青少儿语言表达教学是学生的综合能力表现，我们要根据孩子的自身特点因材施教，帮助孩子取得最后的胜利。

学习活动

思考练习题

1. 什么是学生学习评价总原则及内容的前提？

2. 如何理解学生学习评价的基础内容？
3. 如何理解学生学习评价中辅助内容的发挥？
4. 如何把握学生学习评价的标准性？

第四节　学生学习评价的总方法

本节将详细介绍学生学习评价的总方法，从课堂学习和课后练习的四个维度（课堂学习的标准性、课堂学习的表现性、课后练习的及时性、课后练习的完整性）出发，给学生学习评价的总体方法注入科学合理性。本节将按照统一的学习评价方法对教师教学提供帮助。

一、课堂学习的标准性

课堂学习包含许多内容，其中有口部操、气息训练、字音、表演等。

气息训练要求学生站或坐时身体基本挺直，精神抖擞而自然舒适，口、鼻同时快速大量吸气，气沉丹田，然后慢慢呼气，字音清晰，快速读出，争取用一口气清晰、快速地说完，中途不换气、不补气，并保证速度均匀、语音规整、声音圆润集中、音高一致、力度一致；出声则出气，不出声不漏气；开口的气不冲声不紧，近尾的气不憋、声不噎；气竭则声停。声带喉头保持正常发声的通畅感，不因吸气较满呼吸肌紧张而扼喉。

目前人们主要通过观察呼吸姿势和发出的声音来判断呼吸状态是否正确。凡在练习过程中产生双肩上耸、颈静脉暴突、面部表情紧张、仰头抬下颌、低头下巴抵胸、过分挺胸收腹等现象，都说明基本状态的呼吸肌配合不对。在学生做练习时，凡发生声音过于尖锐、噎、哑、飘、干、涩而不圆润、不舒畅，或者声音忽大忽小、忽强忽弱等不稳定的现象，则说明呼吸控制不协调、不正确。

二、课堂学习的表现性

青少儿语言表达教学课堂学习的相关要求主要表现为字音准确规范、吐字清晰、圆润饱满、声音集中、轻快流畅等。

准确规范，也就是字正，字音的准确规范是我们必须做到的。我们要按照普通话语言规范吐字发音，只能在符合语音规范的前提下，把字音发得更完美、更悦耳，而不能违反语音规律。播音吐字的准确甚至要强调一般人不易察觉的细微的发音部位、发音方法，唇形、舌位的要求和字调、语调的标准规范。

吐字清晰，这也是播音发声的一大特点。我们要通过有声语言把思想感情和各种信息传达给听众、观众，其表达效果和有声语言的质量有着密切的关系。在口语表达中，“吐字清晰”是建立在“准确规范”的基础上的，但准确并不能代替清晰。吐字清晰也并不能单纯依靠加大发音音量，而是要建立在一系列行之有效的发音技巧上。

圆润饱满，即腔圆。圆润的声音与嗓音往往联系在一起，人们在发音过程中，满足汉语对吐字动作的要求，发音会给人一种圆润动听之感。不能满足这些要求，发音就显得干瘪、松散。圆润动听的吐字才能保证语音中的信息和情感更准确地传递出来。

声音集中。集中的声音易于入耳，唤起听众的注意，打动人心。声音集中，需要在发声过程中将有关发音器官力量相对集中，使自己的声音有目标，有距离感，加强对象感和交流感。声音集中才能富有“磁性”，具有“穿透力”。

轻快流畅，即我们发出的每一个字音、每个音节，都是融汇在语流当中的，听众、观众听的不是一个个单独的音节，而是通过语流来获取信息受到感染的。因此，我们吐字归音必须灵活自如，轻快流畅。在练习中，我们要体会在多音节词中，音节与音节之间的流畅过渡。我们强调字音的珠圆玉润也不是要求“一盘散珠”，而是要获得串珠的感觉。

三、课后练习的及时性

古语云：“温故而知新。”通过复习旧的知识从而获得新的知识。这里强调的就是复习的重要性。可见在古代，古人就已认识到学与习是两回事。所谓学习，“学”是指接受新知识，“习”就是指要复习，要进一步理解、归纳、总结和记忆已学过的知识。在学习过程中，只学不习，学习到的东西很快就会遗忘。

对青少儿语言表达教学课堂来说，课后的练习至关重要，学生通常要在课后两天之内进行不少于两次的练习，在获得老师的批复意见后，应再次进行练习，以便加深印象。

四、课后练习的完整性

青少儿语言表达教学中的课后练习，不仅仅是将课堂上学过的知识进行复习、巩固，还要及时整理知识的脉络，善于思考。对课堂所学知识进行及时的练习，可以及时弥补知识的漏洞，使自己对知识的理解得到升华，实现对知识的认识提高，使思维的深刻性得以发展。

对于青少儿来说，课后的练习绝不仅仅是简单地完成内容，而是要在练习中注意各个环节的联系与完整性，并且在收到老师的点评后再次进行练习。

（一）停连的练习

应注意长句子的区分和连接、小层次内部的抱团和层次间的区分、整篇文章内容的连贯、完整，做到停而不断，连而不乱。

（二）重音的练习

应体现语句目的准确、鲜明，注意表达方式灵活多样，避免生硬，保持语言的流畅性，强调重音要分寸得当。

（三）语气的练习

一定要在具体语境中把握语气的特点，全面训练、重点突破。应尽量克服声音形式的单调平直，避免以不变应万变的固定腔调。语言应富有变化，具有表现力和感染力，达到具体的思想感情与恰切的声音形式的统一。

（四）节奏的练习

结合对作品的准确分析把握其节奏的类型，特别要注意与基调要求相协调、一致。注意不同类型语气交替变换时，在色彩、分量、气息状态、口腔状态方面不同的肌肉感觉及速度、虚实、明暗等的不同变化及差异。节奏要体现一种整体感，基本类型要语气鲜明，非基本类型要准确，转换清晰，整体和谐。

学习活动

思考练习题

1. 学生学习评价的总方法包含哪几个方面？
2. 如何理解课堂学习的标准性与表现性之间的关系？
3. 如何理解课后练习的及时性和完整性？
4. 请简述学生学习评价的完整流程。

第八章　青少儿语言表达教师的专业发展与工作研究

☞ **本章学习目标：**

1. 掌握青少儿语言表达教师的教学素养。
2. 了解青少儿语言表达教师的工作研究。

青少儿语言表达教师在职业生涯的发展中始终需要良好职业道德素养的支撑。教师的职业道德素养指教师在从事教育劳动过程中，形成的比较稳定的道德观念和行为规范的总和。它是教师履行自己崇高的社会职责和顺利进行教育工作的保障。热爱教育事业，关爱学生，富有爱心、责任心，耐心和细心是青少儿语言表达教师最基本的品质。另外，青少儿语言表达教师的基本任务是在青少儿阶段对学生的语言感知、语言应用等能力进行启蒙教育，引领学生进行语言学习活动，为学生的听、说、读、写打下基础。这就要求教师要有过硬的普通话语音、语音发声、语言表达及主持能力等相关素质，以适应教学的要求。本章梳理青少儿语言表达教师在职业发展中遇到的问题及其职业要求，帮助其明确职业生涯规划，提升教学素养。

第一节　青少儿语言表达教师的教学素养

一、语言教师基本素质

（一）素质要求

1. 法律与道德素质

《中小学教师职业道德规范》中规定，“爱国守法，爱岗敬业，关爱学生，教书育人，为人师表，终身学习”是全体中小学教师的行为规范准则。法律意识与职业道德也是青少儿语言表达教师应具备的基本素养，主要指教师应具备法律意识、健康的教育方式和良好的职业道德素养。

首先，青少儿语言表达教师应具备法律意识，依法执教。法律意识是社会意识的一种特殊形式，是人们关于法律现象的思想、观点、知识、心理的总称。语言表达教师应具备基本的法律知识、教育法规知识以及相关部门的法律法规知识，在培养学生语言能力的过程中应该严格遵守教育法规，依法办事，在自己的职责范围内履行相应的责任。

其次，青少儿语言表达教师应具有健康的教育方式，热爱学生、尊重学生、平等对待每一位学生。青少儿阶段教师的一言一行、一举一动都影响着学生的身心与健康。语言教师更应严格要求自己，在平日的教学过程中不用语言讽刺、辱骂、吓唬学生，不用简单、粗暴的方式对待学生。必须树立正确的教育思想，并随着时代的发展不断更新教育理念与教学手段。教师思想的高度决定了教育方法、教育内容和教育目标，这在很大程度上影响着教学效果。

最后，青少儿语言表达教师应有良好的职业道德素养。教师的职业道德素养指教师在从事教育劳动过程中形成的比较稳定的道德观念和行为规范的总和。它是教师履行崇高的社会职责和顺利进行教育工作的保障。热爱教育事业，关爱学生，富有爱心、责任心，耐心和细心是青少儿语言教师最基本的品质。心中有爱，教育才会在爱中生根、发芽，逐渐浸润青少儿的人生。教师是人类灵魂的工程师，是学生的榜样，语言教师更应以高尚的品德熏陶人，以规范的语言引导人，以扎实的实践能力培育人，让青少儿在高雅的语言艺术殿堂中健康成长。

2. 文化与艺术素质

一名优秀的语言教师不仅要有扎实的专业功底，而且要具备丰厚的文化素养，才能成为青少儿精神世界的引路人。文化素养指人们在文化方面所具有的较为稳定的、内在的基本品质。在这里，文化素养更多的是指教师个人所接受的人文社科知识，包括哲学、历史、文学、社会学等各方面的知识。广博的知识储备能够为青少儿打开一片广阔的天空，帮助教师深入浅出地教授知识，激发青少儿对语言表达学习的兴趣。

同时，语言教师还应具备一定的艺术特长与修养，具有较高的审美趣味和审美能力。语言本身就是一门艺术，在语言教学过程中更应该注重和艺术活动相联系，以达到活跃课堂气氛、激发学习兴趣、优化学习效果的目的。针对语言学习的特点，教师可将表演、声乐、相声、快板等各类语言艺术形式引入课堂，培养学生听、说、读、演、播、讲的能力，让课堂变得形式丰富、生动活泼。

3. 科学素质

科学素质是指语言教师应具有多元合理、专与博相统一的知识结构，掌握现代教育理论、教育新观念及青少儿的身心发展规律，具备质疑精神、探索精神、开放精神和合作精神，有较强的科学兴趣和科学探索意向，具备一定的科学思维方法和自主进行教育科研的能力，具备科学地设计教学、组织教学的能力，能自觉把培养青少儿科学精神、人文精神贯彻到教育实践中，具有自觉的创新意识和一定的动手综合实践能力，掌握现代教育手段，对当前科学技术及有关的社会问题具有判断决策的能力，有终身学习的意识并能在教学科研工作中不断学习新的知识，具有良好的科学行为和习惯。

教师可从三方面去培养科学素质。一是可以建立系统的、整合的自然科学知识结构，包括对理论知识、科学方法和实践技能的整合；二是接受科学素养的熏陶，形成正确的科学观与探究能力，关注与科学、技术密切相关的社会问题，并以科学知识和科学态度去主动思考这些问题、解决问题；三是培养课程的开发和教学科研能力。

4. 职业素质

职业素质是教师的核心素质和看家本领，是成为一名优秀教师的必备条件，也是赢得学生尊重和喜爱的前提条件之一。优秀的青少儿语言表达教师应有熟练运用标准普通话的能力、良好的语言表达能力、较强的沟通能力；应精通自己的学科，熟悉掌握所教授内容，形成完整的知识体系；对儿童心理、生理特征有一定了解，善于与儿童及儿童家长沟通；能够营造轻松、舒适的教学氛围，教学态度积极热情，不断加强业务能力，创造条件深入学习；有一定的教学、学术研究能力，能妥善处理教学过程中遇到的各种问题，树立良好的职业形象。

5. 综合素质

教师工作是一种充满高度创造性的繁重的脑力劳动，也是一种兼有一定强度的体力劳动，教师必须具有良好的身心素质。良好的身心素质是语言教师职业素养建立的基础，在教师的职业生活中起着十分重要的作用。它可以使教师在工作和生活中保持高昂振奋的精神和轻松愉快的心情，从而提高工作效率，保证教育质量。

职业心理健康是一个优秀语言教师所应有的心理素质，也是教师能良好适应内外环境及人际关系所需要的条件，主要包括高尚的师德、愉悦的情感、良好的人际关系和健康的人格。其中，语言教师的人格素养对学生的发展起着推动作用，是素质教育的基础。它主要表现为：积极乐观的情绪、豁达开朗的心胸、坚忍不拔的毅力、广泛的兴趣爱好。

（二）素质特征

1. 语言教师素质的专业性

教师是一种专业化职业，和其他职业一样必须具备专业性素质或职业性素质。

青少儿语言表达教师的基本任务是对青少儿阶段的学生的语言感知、语言应用等能力进行启蒙教育，引领学生进行语言学习活动，为学生的听、说、读、写打下基础。这就要求教师有过硬的普通话语音、语音发声、语言表达及主持能力等相关素质，以适应教学的要求。青少儿模仿能力较强，标准的普通话、正确的发声位置只能通过模仿准确的发音来获得，这就要求教师必须说好普通话，能将发音位置准确地描述出来。一旦学生模仿了错误的语音和发声技巧，将很难纠正，并且影响专业学习。

2. 语言教师素质的规范性

教学规范是各国专家学者经过长期教学探索形成的智慧结晶，也是教师教学活动所依赖的根基。青少儿语言教学在国内兴起时间不长，应遵循教学规范，从拟定教学方案、明确教学重点、制订教学计划到更新教学内容、探索教学方法，都应充分考虑教学对象的实际情况，宏观上坚持规范性，微观上适当追求个性，要处理好正确遵守规范和探索创新的关系。

3. 语言教师素质的多维拓展

多维拓展主要指语言教师除了具备语言表达的基本能力外，还应具备编、排、演等多方面的素质能力。

“编”指能够根据学生特点创作出符合青少儿年龄特征的语言艺术节目，例如童话剧，这就要求语言教师具有良好的文学功底、文字驾驭能力以及丰富的想象力。“排”指语言教师能将构思、创作的节目编排成形，能依据不同学生的特点将其编排在合适的节目位置，并达到良好的节目效果。“演”指语言教师自身应具备一定的表演能力，尤其在为低龄段儿童授课的过程中，夸张的表演往往能吸引幼儿的注意力，活跃课堂气氛。

二、青少儿语言表达教师专业定位与职业素养提升

（一）专业定位

1. 教师是青少儿语言学习的组织者

教师是教学活动的组织者、引导者。青少儿语言表达教师应牢记自己的角色，给学生充分展现自我的空间，调动学生的积极性，激发学习兴趣，引导学生积极参与到教学活动中去，通过丰富多样的课堂活动，让学生获得知识，培养情感，发展语言应用能力。教师还要尊重学生，让学生真正成为学习的主人，与学生进行情感沟通，形成融洽的师生关系。青少儿语言教学的目的是促进、提升青少儿的语言应用能力，语言教师作为知识的传递者必然要担当起组织教学，促进青少儿语言能力提升，引导青少儿学会听、说、读、讲、演等语言表达核心技能等任务，这就要求教师在教学过程中随时注意激发学生的学习兴趣，尤其在幼儿阶段，儿童的注意力无法长时间集中，教师要注意采取多种教学方法调动他们的学习兴趣。在教学过程中，教师还要及时肯定、赞扬学生的进步，为学生树立语言学习的自信心；在教学方法上应以引导式、启发式教学为主，不要一味进行知识灌输，让孩子以“孩子的方式”进行教学内容的展示。

2. 教师是语言教学的研究者

随着语言教学的开展与深入，教师会遇到新的问题、新的挑战，如面对不同年龄段青少儿教学方式的变化、课程资源的设计、课外活动的开发等。青少儿语言表达教师应是教学的研究者。教学的创新和研究主要围绕新的教学理念、教学方式、课程设计、实践模式等展开，同时针对教学中已出现的各种问题进行探讨研究，以解决实际问题为核心，通过研讨、听课、查找资料、总结反思等方式提升教学质量。教师在教学过程中要以研究者的心态置身于教学情境中，以研究者的眼光审视和分析教学理论与教学实践中的各种问题，对出现的问题进行探究，对积累的经验进行总结，使其形成规律性认识，而不能成为各项规定的机械执行者和各种教学参考资料的简单照搬者。

3. 教师是课程的建设者

在青少儿语言教学实践中，课程的建设水准成为当前不可忽视的问题，如何积极有效地促进青少儿语言能力的全面健康发展，如何调动青少儿语言表达学习的积极性，促使他们成为学习的主人，成为语言课程建设中的核心问题。要使青少儿成为语言学习的主人，教师必须成为课程建设的主人。因此，青少儿语言表达教师必须从单纯的课程实施者转变为课程建设者。

第一，成为语言课程设计者。青少儿语言教学属于课外兴趣类课程，没有统编教材，各培训机构或从市场自选教材，或组织教师编写讲义，无论何种形式都要求教师要有强烈的课程意识和参与意识。教师要从本课程出发，结合所教授青少儿的发展水平、经验和需要等实际情况，制订切实可行的工作计划并灵活地执行，应体现出“既适合青少儿的现有水平，又有一定的挑战性”“既符合青少儿的现实需要，又有利于其长远发展”“既选择青少儿感兴趣的事物和问题，又有助于拓展青少儿的经验和视野”的原则。

第二，成为语言课程建设者。青少儿语言表达教师应在课程设计者的基础上转向更广泛的课程建设者。课程建设是一个系统的工程，包含了课程文化的凝聚、课程管理制度、课程理念的形成、课程设计的展开、课程资源的挖掘和利用、课程实施的展开、课程评价的进行、课程反省的落实等很多工作。只有全面关注青少儿语言课程建设，语言课程才能取得最大的成效，才能真正促进青少儿语言表达的健康发展。语言课程是系统建构的，它不只是案头的设计，更是在总结课程实践的经验和教训的基础上全面建设而成的。它需要教师不断学习，不断总结反思，不断创新和变革。因此，课程的构建不只是靠智慧，更主要是靠决心、责任和毅力。语言教师只有在课程建设的过程中不断锤炼、打磨，才能真正拥有教育智慧和教育品性。

青少儿语言表达教师应全面关注课程的建设，要有强烈的课程意识和参与意识，提高参与课程建设的能力，还要锻炼并形成开发新课程的能力和评价课程的能力，不能成为搬运课程的机器，要在课程开发、建设和评价等方面有自己的见解。

4. 教师是学习效果的反思者

教师的教学行为与教学过程具有很强的实践性，为了达到令人满意的教学效果，教师需要不断地对自己的教学行为与教学过程进行“观察与思考”，经常地把脉问诊、分析考量，以达到改进教学、提高质量的目的，这就是教学“反思”。从这个意义来说，教师不仅是课堂教学的施教者，而且是教育教学的反思者。“经验 + 反思 = 成长”，对于青少儿语言表达教师来说，教学反思绝不是可有可无的，一个教师有无反思的意识和能力是其今后能否实现良好发展的关键，也是衡量其专业发展状况究竟能走多远的重要指标。我们可从以下两方面进行教学反思：

第一，从学生学习与发展的角度来开展教学反思。在语言教学过程中，学生是受教育的主体，教学中应当充分关注学生是否受到了应有的教育，现有的教学设计是否适合学生的学习与发展，是否有效提升了学生的语言表达水平。通过反思，如果发现既有的教学活动偏离了学生的语言能力培养，就必须及时地调整教师的教学安排与教学行为，直至达到理想的状况。

第二，从教师专业发展的角度来开展教学反思活动。青少儿语言表达教师的专业成长应该是可持续的动态发展过程。在进行教学反思的时候，教师应注意从自我纵向的角度进行反思，考察自己的教学水平在一段时间内是发展、提升了还是原地踏步又或倒退了，进而调整接下来的教学思路与方法，以实现教师自身能力价值的提升。

（二）语言教师职业素养提升路径

1. 明确自我发展目标，完全实现角色转变

教师应加强青少儿教育理论学习，提高自己的思想素质，加强语言实践经验的积累，主动向老教师学习，与家长沟通、与学生沟通，在实践中提高自己的师德表现，树立扎实的工作作风。

教师还要认真研究课程大纲，多阅读关于教育的书籍，努力提高自己的理论知识

水平，全面深入地认识新课程、新理念，把自己的学习心得及时记录下来，可以上传至自媒体平台，也可作为以后研究与写作的材料。认真备好每一堂课，努力上好每一堂课，并写好反思记录，争取把理论知识运用到实践中，在尝试应用的同时不断反思，在不断的反思中求得进步。

2. 加强教育技能培养，提高管理能力，强化自我修炼

学科课堂技能是立足讲台的关键，青少儿语言表达教师应以学生为本，不断提升、创新教学方法，善于在教学实践中发现问题、分析问题、总结经验，以指导教学实践活动，提高教学质量，切实打造效率课堂。

教师应充分应用新的理念指导教学，在语言教学中大胆实践，开拓创新，深入研究，平时多多和指导教师、其他有经验的老师探讨交流，把自己的课堂变成自我实现的舞台。同时，在学科领域内要勤于研究，梳理教学经验，形成理论文章或书籍，深化教学成果。

3. 教学相长，教研并进

青少儿语言表达教师应熟练掌握语言教学技能，有一定的教学经验和反思能力，并能在反思过程中不断调整自己的教学行为，在教学过程中初步形成自己的特色，继续完善自身的专业素质和综合能力，使自己成为业务上不断创新、科研上有所心得、课堂上小有成就的老师，努力让自己成为教育培训机构的新生力量。

三、语言教师专业技能

（一）语言表达能力

语言表达是一切教育工作者必备的主要能力，对于语言教师来说是必须具备的基本能力素质。苏霍姆林斯基说过："教师的语言修养，在很大程度上决定着学生在课堂上的脑力劳动的频率。"语言教师作为教授语音、发声、语言表达、逻辑思维等方面能力的专业教师，必须自身先具备准确清晰、抑扬顿挫的语音与发声，流畅自如、生动活泼的语言表达，条理清晰、简明练达的逻辑思维。

（二）组织能力

组织能力是一个教师取得教学成功的保证。缺乏组织能力和指导能力的教师，无论其知识多么广博，都难以完成教学任务。首先，青少儿语言表达教师应具备组织教学的能力，合理设定教学目标和制订教学计划，集中学生的注意力，灵活调节课堂进程，活跃课堂气氛，控制教学环境，处理偶发事件；善于启发引导学生，激发学习兴趣、引导学生的思维，发展学生的创新能力，维护课堂教学秩序，发挥学生主体性的能力。其次，应具备课外活动的组织能力。对于语言教学来讲，课堂教学是传授知识、培养技能的主渠道，开展多彩的课外实践活动，是丰富学生实践经验、提升语言运用能力的重要途径。一名青少儿语言表达教师应有能力组织和指导实践活动，包括指导学生参与各类演讲、朗诵、主持比赛；策划、编排各类语言节目；组织名师讲座；制作音视频作品；撰写稿件、剧本等活动能力，推动形成人人参与、自己动手、发挥特长、凸显个性的开放式学习氛围。

（三）研究能力

语言教师要成为讲演教学研究的复合型人才，除了具备良好的语言表达技巧之外还应具备一定的教学研究能力与学术研究能力。

1. 教学研究能力

把教学与教研结合起来，善于总结自己的教学经验，对教学中遇到的问题进行理论研究，提出自己的见解，进而探索和发现更为完善的教学规律、教学方法和教学模式。

2. 学术研究能力

目前针对语言类课程的教研活动较多停留在教材的分析、展演、比赛、考级的研究，限于一些教学技巧和教学经验的陈述。而对教学理论的研究相对薄弱，缺乏对语言教学的创造性思考。语言教师只有在教学经验的积累之上不断学习研究教学法、儿童心理学等理论知识，探索新的教学方法，才能掌握青少儿的学习特点，适应新时代的挑战和语言教育的发展。

3. 创新能力

创新是一个民族的灵魂，是一个国家兴旺发达的不竭动力。要培养创新人才，就必须要有创新型教师。创新型语言教师要具备扎实的语言基础知识、广博的视野并掌握讲授知识的创新方法，善于吸收最新教育科研成果，能将其运用到语言教学中，并有独特的见解，能够发现新的行之有效的语言教学方法。简言之，语言教师的创新能力包括独到的见解、新颖的教法、创新的思维、凸显的个性、探索的精神、民主的意识等。

第二节　青少儿语言表达教师的工作研究

一、语言教学工作研究的选题

（一）教授对象的研究

青少儿语言表达教师的教授对象一般为3—16岁年龄段学生，这个阶段经历了“幼儿—青少儿—少年”的成长过程，在这个过程中青少儿的身心、语言、认知等均在快速发展，教师必须掌握青少儿的发展规律才能因材施教。

1. 青少儿成长过程中的语言发展规律

儿童的语言发展分为启蒙期（0—3岁）、飞跃期（3—6岁）、成熟期（6岁以后）三个阶段。

启蒙期儿童还不具备明显的语言表达能力，但已经逐步具备了一定的理解能力，是儿童在心理和生理上的语言发展准备期。2—3岁是儿童口头语言发展的关键时期。

儿童经历了启蒙期后逐渐进入飞跃期。在飞跃期阶段的幼儿，发音器官基本成熟，语音意识明显发展，语音逐渐准确、清晰，并对他人的发音很感兴趣，喜欢纠正、评价别人的发音，还很注意自己的发音。4—5岁是儿童学习书面语言的最佳时期，这个阶段儿童掌握词汇的能力发展最快。

词汇的发展是语言发展的重要标志之一。词汇量越丰富就越容易表达思想，儿童掌握的词汇越多，对事物的认识就会越深。3—6岁幼儿的词汇量是以逐年大幅度增长的趋势发展的，是词汇量飞跃发展的时期。6岁时，他们的词汇量增长到3500个左右。词类范围也在不断扩大。随着掌握的词汇数量的增加，幼儿词类范围也在不断扩大，这主要体现在词的类型和词的内容两个方面。幼儿一般先掌握实词，即意义比较具体的词，包括名词、动词、形容词、数量词、代词、副词等，实词中最先掌握名词，其次是动词，再次是形容词和其他实词。在幼儿期，学习词汇是非常重要的，词汇量的多少，直接影响语言表达的结构及运用。

3岁左右开始，幼儿可以用一些复杂的句子表达复杂的意思。3岁前的孩子多用简单的词汇来表达意图，如“抱抱”“觉觉”，常用叠词。3岁后，孩子会用完整的语句来表明自己的意图，从“抱抱”扩展为“妈妈，我想让你抱抱”。

进入成熟期后，孩子已经从幼儿期逐渐进入青少儿期，从语音、语义、语用的角度来看，他们已经逐渐向成人靠拢。6岁上学后，通过接受拼音、书面语言和写作训练，他们的语音已经形成并逐渐固化，部分语音受到方言影响形成偏误。这一阶段的孩子能够说更长更复杂的句子，开始理解并熟练运用多音字、近义词、反义词和歧义句。

2. 青少儿成长过程中的认知发展规律

随着年龄的增长，青少儿对世界的认知、对外界的探索越来越频繁、深入。认知发展是指个体自出生后在适应环境的活动中，对事物的认知及面对问题情境时的思维方式与能力表现随年龄增长而改变的历程。

著名发展心理学家皮亚杰将认知发展分为四个阶段：感知运动阶段（0—2岁）、前运算阶段（2—6岁）、具体运算阶段（7—11岁）、形式运算阶段（12岁及以后），这是一个不可逆的过程。

在感知运动阶段，孩子还没有语言和思维，主要靠感觉和动作探索周围世界。2—6岁的孩子进入了前运算阶段，各种感觉运动行为模式开始内化为表象或形象思维。特别是语言的出现和发展，促使儿童日益频繁地用表象符号来代替、重现外界事物，出现了表象思维，初步发展的前运算思维正在向具体运算阶段过渡，但他们的判断仍受直觉自动调节的限制。此阶段的思维既没有运算的可逆性，又没有守恒的基本形式，尚停留在半象征性的思维状态中。7—11岁的孩子进入了小学，开始具有逻辑思维和真正运算的能力，先后获得各种守恒概念，可凭借具体事物或形象进行逻辑分类和认识逻辑关系，但仍有其局限性。12岁以后的少年逐渐进入青春期，接近于成人的思维。这阶段的少年在解决问题时能运用许多不同的认知运算和策略，思维和推理高度灵活，能触类旁通，从许多不同视角看事物。这个阶段最突出的特点是思考假设的问题，他们试图考虑所有可能解决的办法，并系统地一一核对其逻辑性和效果。

3. 青少儿成长过程中的身心发展规律

教育要遵循青少儿身心发展的阶段性。皮亚杰的认知发展阶段理论指出，青少儿在不同年龄阶段有不同的身心特点，教育工作者应按照发展的阶段进行施教，做到循序渐进，在教育内容、教育方法上要依据青少儿的身心特点进行适当调整。不可以“拔苗助长”“陵节而施”。

青少儿身心发展是从感知觉、动作、语言等身体的发展到自我意识、社会性、情感、道德等的发展。青少儿的身心发展基本规律可以概括为从简单到复杂、从具体到抽象、从被动到主动、从凌乱到成体系。这个过程顺序性强，不能逾越、不能逆转。

刚出生的孩子只有非常简单的反射活动，随着年龄的增长，他们逐渐学会了翻、滚、坐、爬、走，粗大动作也逐渐发展到精细动作，呈现出复杂化特征；青少儿的心理活动最初是非常具体的，以后越来越抽象化和概括化。青少儿思维的发展过程就典型地反映了这一趋势。幼儿对事物的理解是非常具体形象的。比如，他认为“儿子”总是小孩，他不理解“长了胡子的叔叔”怎么能是儿子呢？成人典型的思维方式——抽象逻辑思维在学前末期才开始萌芽发展。

儿童心理活动最初是被动的，心理活动的主动性后来才发展起来，并逐渐提高，直到发展至成人所具有的极大的主观能动性。儿童的社会性是从自我意识的产生，到逐步区分自我与他人，再到理解他人的情绪、意图、信念等，推断和预测他人的行为和心理状态发展的。儿童的道德发展从以客观责任判断到以主观责任判断作为依据，从他律到自律发展。

（二）语言教学方法的研究

语言是人类最重要的交流工具，是由交往产生，并在交往中发展起来的，是人类文化的重要组成部分。通过语言，个体间彼此了解，彼此互动，彼此学习。

青少儿语言教学是以培养学生听话、说话、阅读、表演等沟通交流能力为主要目的和主要内容的课外兴趣课程。它具备了技能性、实践性、思想性、人文性、社会性、综合性等特征，通过教学训练青少儿的语言应用能力，提升青少儿的综合素养，为青少儿形成正确的世界观、人生观、价值观，形成良好个性和健全人格打下了基础。

青少儿语言教学法是以青少儿语言表达与应用为唯一研究对象的学科，它把青少儿语言表达的性质、目标、内容、过程和方法等一切现象作为它的研究客体，从对性质和目标的探讨开始，进而探讨体现性质、达到目标的内容、过程和方法，特别是要对效果和效率进行评价，研究如何优化教学效果。

可以尝试把以下三类问题作为研究对象：

第一，青少儿语言教学的性质是什么？应该确定哪些目标？这是青少儿语言教学的必要性和重要性问题。

第二，什么内容和内容组织才符合目标的要求？这是青少儿语言教学存在的客观性和实在性问题。

第三，通过什么程序和运用什么方法才能实现目标？这是青少儿语言教学存在的合理性和有效性问题。

也可以将上述问题简化为：为什么教青少儿语言，教什么样的青少儿语言和怎样教青少儿语言。

（三）教学大纲与教材的研究

教学大纲又称学科课程标准，包括教学目的、教学要求、教学内容以及讲授、实习、实验、作业的时数分配等。根据教学计划，教学大纲以纲要形式规定一门课程教学内容的文件，包括该门课程的教学目的，任务，教学内容的范围、深度和结构，教学进度以及教学法上的基本要求等。教学大纲既是教材编写的依据，也是组织教育教学活动的依据、进行考试考查的依据和全面评估教学质量的依据，是学科教学的指导性文件。担任该学科教学任务的老师应全面地、深入地理解教学大纲，接受教学大纲的指导、制约和检验。在制定教学大纲时，教师应充分考虑到国家的教育方针、国家相关的法律法规、学科的知识结构和教学规律，制定出相对稳定且具有时代性的教学大纲。

教材是青少儿语言表达教师在教学大纲指导下组织安排自己的教学内容以实现教学目标的最重要的材料，它是教学大纲与教学实践活动之间的中介物，是对学生进行听、说、读、写、演全面训练的凭借物。因此，青少儿语言表达教师对所选教材的性质特点、编制要求和使用方法都必须有所了解，以便更好地理解教材、使用教材，有效提升教学质量。

广义的教材指课堂上和课堂外教师和学生使用的所有教学材料，如课本、练习册、故事书、辅导资料等，凡是有利于学习者增长知识或发展技能的材料都可称之为教材。狭义的教材就是教科书。教科书是该门课程的核心教学材料，教材是体现教学大纲要求、实现教学大纲规定的教学任务的最重要材料。青少儿语言教材应具备启迪智慧、树立道德、合乎年龄、知识丰富、实践性强、趣味性强等特征。

（四）语言教学效果测评研究

教学效果是指经过教师教学活动取得的相应成效，是检验教师教学任务完成情况、课堂教学质量的重要环节。检查教学效果的主要方法有考查、考试、考核、督导等，目的是帮助教师了解自己的教学实效，依据检测结果反哺教学，为教师总结教学经验、发现教学中存在的问题、有针对性地解决教学问题、提高教学质量等提供依据；同时，检查教学效果还能促进学生复习，巩固、加深所学知识和技能，了解自己学习上的进步与缺陷，明确努力方向。对组织领导者来说，通过对教学效果的检查，可以了解教师的教学情况和学生的学习情况，并在此基础上改进教学领导工作，制定提高教学质量的有效措施。

如教学效果不理想，可对照是否存在课堂纪律混乱、不能正确对待学生、不能取得预期课堂效果、没有掌握所教的学科知识、没有有效地传授学科知识、没有合理采纳他人意见等方面的表现，以上几种表现被视为“低效教学”。

二、语言教学工作研究方案的设计

（一）青少儿语言教学存在的主要问题

1. 师资队伍

（1）师资准入门槛低，师资队伍规范性建设刚刚起步。近年来青少儿播音主持培训、青少儿口才培训等一系列专业培训机构数量激增，对青少儿语言表达教师的需求也迅速上涨，但培训机构中教师队伍的质量却令人担忧。多数培训机构对教师队伍学历、专业能力无统一要求，不看重教师的专业性，对聘用者的基本素养没有相应的统一考核标准。许多本科在读的大一、大二播音专业学生成为教育机构师资队伍的主力军。从实际情况来看，这些小老师初入大学，刚刚开始进行系统、规范的学习，却需要转换身份，在毫无讲课经验、没有经过教师资格培训的情况下站上讲台，面对比他们年龄更小、对专业不甚了解的青少儿，将自己还未牢固掌握、全面吸收的专业知识进行传授，其结果可想而知。甚至一些非专业或相近专业的教师，经过简单的岗前培训便加入专业教师队伍当中。由此看来，青少儿语言表达教师队伍应提高准入标准，规范入职培训，提升教师专业素质。

（2）缺乏系统性的人才培养规划。有的教育机构并未建立长期的师资队伍培养规划，仅满足于应对日常教学，对教师队伍的专业能力提升、教学方法培训、教师职业规划、配套措施等方面没有规划，也没有形成完整的人才培养模式。根据青少儿语言教学的特点，语言教师不仅应具备扎实的专业能力，更应具备丰富的实践经验、良好的示范能力和亲和力。许多刚刚毕业的大学生毕业后直接面对学生，身份的转变、教学经验的匮乏、脱离传媒一线，外加教育机构缺乏必要的人才培养和岗前培训，导致他们难以快速适应岗位要求，教学效果无法得到保障。

2. 教材建设

（1）缺乏专业青少儿语言教学法书籍。目前，市面上关于青少儿播音主持、青少儿演讲与口才类的教材繁多，但还没有针对青少儿语言表达教师教学方法的书籍。教学方法是教学过程中重要的组成部分之一，如果没有适当的教学方法，也就无法实现教学目的和教学任务，会使教学效果大打折扣。同样的教学内容，不同教师的教授效果也存在差异，除去教师本身的知识水平和教学态度外，教学方法就成了关键因素。拥有良好的教学方法才能有积极的课堂氛围，才能使青少儿在学习过程中产生愉悦感，激发其学习兴趣。因此，面向青少儿语言表达教师、指导语言教学方法的书籍或教材的建设在当前尤为需要。

（2）缺乏针对学生的统一、权威教材。教材是知识的载体，是学生学习、教师讲课的重要工具。当下，各种各样青少儿口才、青少儿播音主持的教材充斥市场，且多数是以面向高校播音主持专业教学的教材为模板进行的改编，未有权威、系统、规范的培训教材。青少儿语言教学不同于高校播音主持专业教学，在教材的建设上应结合青少儿身心发展规律，兼具知识性、趣味性、专业性、人文性，以培养青少儿语言应用能力为核心，切忌违背青少儿生理特征，盲目追求“标准”；同时教材还应与时俱进，体现最新的教学理念和教学方法，反映最新的教学成果。

3. 教学研讨

（1）创新性教学方法研究较少。各大培训机构的培训内容基本集中在语音、发声、朗诵、即兴语言、主持、情景剧上，教学手段以表演、游戏、故事、上镜为主，注重学生的播、演、说能力，教学模式以实践为主，缺乏对学生创新思考能力的培养。“创新”是目前语言教学改革与发展的方向。青少儿口才教师在上课过程中可采取启发式、探究式、合作式等多种教学方法提高学生的独立思考能力、团队协作能力。新的教学方法应转变以“教”为主的模式，让学生成为学习主体，选择合适的时机帮助学生开启思路，引导学生的思考由浅入深，深化思维能力，让学生自己通过阅读、观察、实践、思考、讨论、表达与交流等途径主动探索知识，通过合作学习提升沟通、交流和个体学习能力，提升教学效果。

（2）观摩教学和深度学术交流欠缺。“教而不研则浅，研而不教则空”，教研活动是相互依托、相互依存的关系。培训机构因存在竞争关系，相互之间几乎不在教学层面进行深度交流，内部小范围的学习、交流，也因教师流动频繁、兼职教师多专职教师少而无法得到保障。即便有教学研讨，也多停留在课件设计、课堂活动设计、教学训练材料选择等针对基本教学内容的几个方面，缺乏能够创新教学方式、深化教学成果的深度主题教研活动。

（二）青少儿语言表达教学的研究方向

结合以上问题，青少儿语言表达教学的研究方向可设定为以下几种：

1. 师资队伍建设和培养规划

青少儿语言教学培训水平的提高，师资队伍的建设与培养是关键。建立一支专业素质好、业务能力强、结构优化、相对稳定、具有合理运行机制的高水平师资队伍，成为教育培训机构面临的首要问题。

对于师资队伍建设，一是要考虑教师合理的年龄结构，形成一定的年龄梯度，促使教学经验丰富、教学能力突出的优秀教师能够给予新进教师全方位的指导，充分发挥老教师的作用，稳定现有的教师队伍；二是要注重统筹教师队伍的学历层次、学缘结构、专业方向、业务水平、科研能力和教学经验，使不同专业、不同学历、不同毕业院校的教师队伍能够相互协调、相互合作、相互学习，共同分享，互帮互补，共同成长和发展；三是选拔骨干教师，充分发挥引领作用。教学梯队建设中的关键是发挥骨干教师带头人的作用。可选择教学能力、科研能力、沟通能力、创新意识强，同时具备团队精神，对语言教学工作积极热情，具有一定领导能力的教师进行教学引领和示范。要在机制体制上激励他们的热情，让他们有进修和提升的空间，打造具有可持续发展潜力的教师队伍。

2. 课程体系建设

课程体系建设是青少儿语言教育的灵魂。构建符合青少儿身心发展、激发青少儿语言表达学习兴趣、提升青少儿语言表达能力的课程内容都要建立在完善的教学目标、教学内容、教学方法、教学理念、课程设计和教材设计之上。针对青少儿语言教学的特点，课程体系的构建应以兴趣为引导，以语言表达与应用能力为本，以课内课外实践为主，以学生需求为重，根据学生年龄、语言发展进度、校内教学内容、行业培训需求等方面制定不同级别、不同类型的语言培训课程体系。要以提升青少儿语言应用能力为本位进行模块化课程设计，以针对性、科学性、特色化为导向进行教材体系建设。课程内容应从市场需求出发，注重实用性、趣味性、多层次、多元化，做到因材施教。有了合理、完善的课程体系，才能为师资队伍建设提供强有力的支撑。

3. 教学方法研究交流

青少儿语言教学的教学目标和教学对象的特点，教学内容和课程的设置，青少儿年龄结构、知识能力的差异，决定了其教学方式的多样性。语言教师应在目前教学中常见的情景教学法、游戏教学法、沉浸教学法、案例教学法的基础上继续探索交流、大胆创新。同行之间可不定期进行业务研讨，开展说课、课程观摩、教学评比等一系列提升教学能力的活动，学习国内外先进的教学模式，分享、总结教学经验，深化教学成果，满足教学对象多元化的需求。

学习活动

一、思考练习题

1. 青少儿语言表达教师基本的教学素质有哪些？
2. 青少儿语言表达教师素质的专业性是什么？
3. 如何理解青少儿语言表达教师的专业定位？其职业素养又该如何提升？
4. 青少儿语言表达教师应该具备哪些专业技能？在教学实践中应该如何提升？

二、实践练习题

1. 谈一谈在实践教学中实际遇见的问题及具体的解决方法，尝试分类进行整理探讨。

2. 以“青少儿语言表达教师该如何提升自己的综合素质”为题，进行小组演讲讨论。

参考文献

Brown H D，Principles of language learning and teaching［M］.5th ed. New York：Pearson，2007

Chomsky N. Knowledge of language：its nature，origin，and use［M］.New York：Praeger，1986.

Rychen D S, Salganik L H.Defining and selecting key competencies［M］. Göttingen：Hogrefe & Huber Publishers，2001.

Voogt J，Roblin N. A comparative analysis of international frameworks for 21st century competences：implications for national curriculum policies［J］.Journal of Curriculum Studies，2012，44（3）.

陈玉琨 . 教育评价学［M］. 北京：人民教育出版社，2004.

高文 . 教学模式论［M］. 上海：上海教育出版社，2002.

克伯屈 . 教学方法原理（第二版）［M］. 王建新，译 . 北京：人民教育出版社，2016.

克拉克，斯塔尔 . 中学教学法（上册）［M］. 赵宝恒，蔡焌年，等译 . 北京：人民教育出版社，1985.

皮亚杰 . 发生认识论原理［M］. 王宪钿，等译 . 北京：商务印书馆，1997.

张庆宗，吴喜艳 . 应用语言学导论［M］. 武汉：湖北教育出版社，2013.

钟启泉 . 课堂研究［M］. 上海：华东师范大学出版社，2016.

艾辰星 . 新媒体环境下《口语表达训练》课程教学实践与思考［J］. 声屏世界，2019（10）.

安庆家 . 网络环境教学与思考［J］. 教育，2014（4）.

丁晖，戴卫平．乔姆斯基的语言天赋论［J］．广西社会科学，2008（7）．

胡鹏林．索绪尔的语言哲学价值考辨［J］.湖北师范学院学报(哲学社会科学版)，2012，32（3）．

金林．网络环境下的教学模式和教学方法［J］．中国教育技术装备，2011（29）．

李艳鸽．语言天赋论的最新争论与发展［J］．河南社会科学，2015，23（3）．

乔桂娟，李楠楠．社会互动论对教师创建积极课堂互动的启示［J］．黑龙江教育学院学报，2018（7）．

孙逸敏．网上教学活动交互式教学模式及策略［J］．中国管理信息化，2013（4）．

王陆，对索绪尔《普通语言学教程》中二分法术语的习得与理解［J］．辽宁行政学院学报，2006（7）．

王志勇．基于网络环境下的课堂教学策略与思考［J］．计算机光盘软件与应用，2011（10）．

吴亮亮．洪堡特语言思想对乔姆斯基“天赋假说”的影响［J］．韶关学院学报，2020，41（7）．

约翰逊.2015年地平线报告（基础教育版）：技术驱动教育变革［J］．人民教育，2015（17）．

张华．论核心素养的内涵［J］．全球教育展望，2016，45（4）．

张子宏．交际语言能力理论分析［J］．中国青年政治学院学报，2009，28（6）．

周金凤．儿童语言习得理论发展及影响因素探究［J］．鞍山师范学院学报，2018，20（5）．

戴晓欢．情境教学法在对外汉语口语教学中的应用与反思［D］．长春：东北师范大学，2015.

张国胜．数字艺术在国内青少儿教育中的应用研究［D］．苏州：苏州大学，2017.

图书在版编目（CIP）数据

青少儿语言表达教学法 / 朱晓彧主编. -- 北京 : 中国传媒大学出版社, 2023.3（2025.1重印）
ISBN 978-7-5657-3278-2

Ⅰ. ①青… Ⅱ. ①朱… Ⅲ. ①语言表达－儿童教育－教学法 Ⅳ. ①H0

中国版本图书馆CIP数据核字(2022)第167531号

青少儿语言表达教学法
QINGSHAO'ER YUYAN BIAODA JIAOXUEFA

主　　编　朱晓彧
副 主 编　崔国鑫　何大庆　余海龙
策划编辑　李水仙
责任编辑　李水仙
特约编辑　李明远
封面设计　拓美设计
责任印制　李志鹏

出版发行　中国传媒大学出版社
社　　址　北京市朝阳区定福庄东街 1 号　　邮　　编　100024
电　　话　86-10-65450528　65450532　　传　　真　65779405
网　　址　http://cucp.cuc.edu.cn
经　　销　全国新华书店

印　　刷　艺堂印刷（天津）有限公司
开　　本　787mm × 1092mm　1 / 16
印　　张　13.25
字　　数　256 千字
版　　次　2023 年 3 月第 1 版
印　　次　2025 年 1 月第 2 次印刷

书　　号　ISBN 978-7-5657-3278-2/H · 3278　　定　　价　69.00 元

本社法律顾问：北京嘉润律师事务所　郭建平